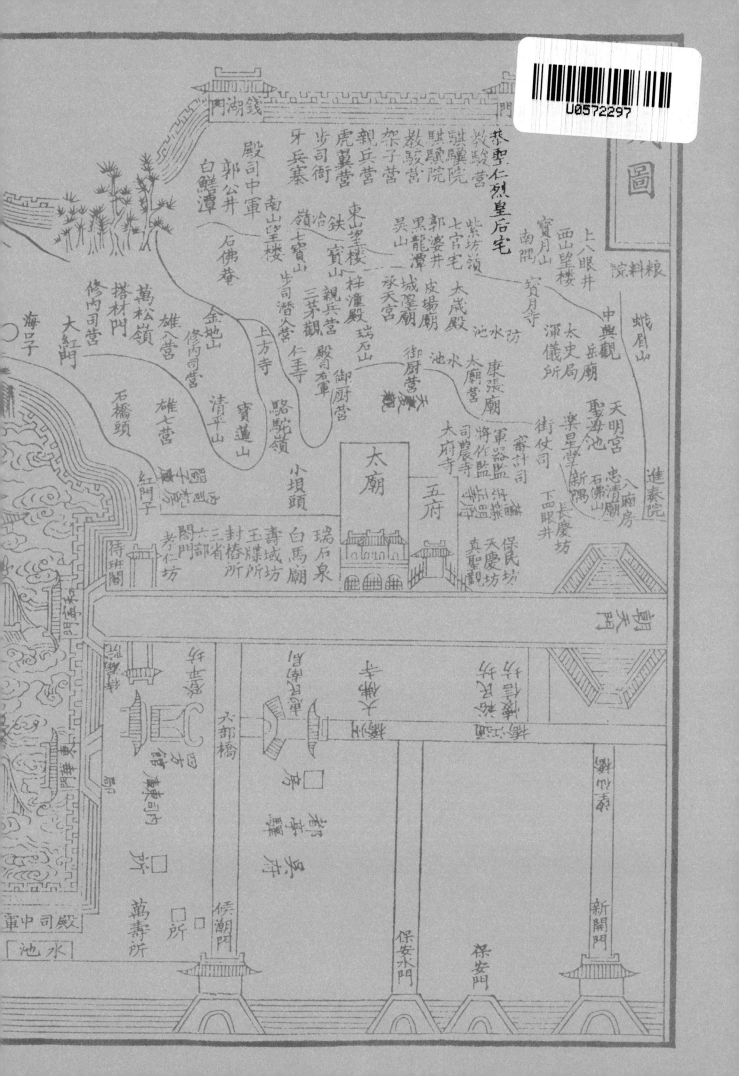

本书的出版得到
国家重点文物保护专项补助经费资助

临安城遗址考古发掘报告

南宋恭圣仁烈皇后宅遗址

杭州市文物考古所　编著

文物出版社

封面设计　张希广
责任编辑　谷艳雪
责任印制　陆　联

图书在版编目（CIP）数据

南宋恭圣仁烈皇后宅遗址/杭州市文物考古所编著.北京：
文物出版社，2008.12
　ISBN 978-7-5010-2629-6

　Ⅰ.南...　Ⅱ.杭...　Ⅲ.宫殿－文化遗址－发掘报告－
杭州市－南宋　Ⅳ.K878.35

　中国版本图书馆CIP数据核字（2008）第208058号

南宋恭圣仁烈皇后宅遗址

杭州市文物考古所　编著

*

文 物 出 版 社 出 版 发 行
（北京东直门内北小街2号楼）
http://www.wenwu.com
E-mail:web@wenwu.com
北京圣彩虹制版印刷技术有限公司印刷
新 华 书 店 经 销
889×1194　1/16　印张：17.25　插页：2
2008年12月第1版　2008年12月第1次印刷
ISBN 978-7-5010-2629-6　定价：320.00元

Report on Archaeological Excavation to the Site of Lin'an City

The Remains of the Mansion of Empress Gongshengrenlie of the Southern Song Dynasty

(With Abstracts in English and Japanese)

by

Hangzhou Municipal Institute of Cultural Relics and Archaeology

Cultural Relics Press

Beijing ·2008

前　言

南宋临安城遗址位于浙江省杭州市上城区和下城区。2001年6月，经国务院批准，公布为第五批全国重点文物保护单位。2005年，又被国家文物局列入"十一五"文物保护专项规划库百处重点大遗址之一。由于特殊的历史原因和特定的地理环境，临安城以其特有的南方都城形制令世人瞩目，临安城的考古工作也因近年来屡有重要发现令世人关注。

一

杭州第一次建造州城是在距今1400多年的隋朝。据文献记载，隋开皇九年(589年)，废钱唐郡，置杭州。十一年（591年），移州治于柳浦西，依山筑城，"周围三十六里九十步"①。五代吴越国时期，杭州成为偏居一隅的小国都城，免于兵戈之扰，经几度扩建，其周围城垣达到七十里，"富庶盛于东南"②。至北宋时，杭州被誉为"东南第一州"③，声名远扬。南宋建炎三年（1129年）高宗升杭州为临安府，绍兴八年（1138年）正式定都临安。④至此，杭州（临安）一跃成为南宋的政治、经济和文化中心，前后近140年。

南宋临安城包括皇城和外城。与北方平原方正的城市形态迥然不同，临安城襟江带湖，依山就势，是南方山水城市的典型代表。由于城市南部和西南部为地势较高的丘陵地带，北部和东南部为平原水网地带，加上历史上形成的传统城市行政中心所在，以及南渡之初政局的动荡，故南宋皇城也建于地势较高的凤凰山东麓，从而形成了中国古代城市制度中别具特色的南宫北城的城市布局。

南宋皇城也即宫城、大内，其总体布局按照北宋汴京大内规划，但规模不及。它依托凤凰山，围绕回峰（今馒头山），利用自然地形布置宫殿、园囿和亭阁。宫殿布局因山就势，气势浑成，是中国古代利用地形组织建筑群的优秀例证。外朝的大庆殿和垂拱殿均位于皇城的南部，太子宫即东宫位于东部的回峰。一般宫殿、寝殿及后宫都在北部，后苑建在西北部，基本符合"前朝后寝"的惯例。皇城南门丽正门虽为正门，但由于皇城位于整个临安城的南端，只有在行郊祀大礼等特殊的时候，文武高官才允许经此门出入。而皇城北门和宁门成为事实上的正门，官员上下朝即由此门进退，杭人称之为"倒骑龙"。在今望仙桥东，另建有专为高宗、孝宗禅位后安度晚年的德寿宫，形成南内（皇城）与北内（德寿宫）并置的特殊格局。

外城即罗城，平面近似长方形，南北两面的城墙较短，东西两面城墙长而曲折。它南跨吴山，北到武林门，东南靠钱塘江，西临西湖。城四周筑有高大的城墙，高三丈余，基广三丈，厚丈余，并环以宽阔的护城河。城四周开有钱湖门、清波门等13个城门及5个水门。⑤

临安城以一条纵贯南北的大道（即御街、"天街"，今中山路）为中轴线。在

① [宋]周淙《乾道临安志》卷二《城社》，见《南宋临安两志》，浙江人民出版社，1983年版。
② [宋]袁枢《通鉴纪事本末》卷三十九上《钱氏据吴越》，中华书局标点本，1964年版。
③ [宋]祝穆《方舆胜览》卷一《临安府》，中华书局标点本，2004年版。
④ [宋]潜说友《咸淳临安志》卷一《行在所录·驻跸次第》，道光庚寅钱唐振绮堂汪氏仿宋本重雕，江苏古籍刻印社，1986年版。
⑤ [宋]吴自牧《梦粱录》卷七《杭州》，知不足斋丛书本，浙江人民出版社，1984年版。

图一
上世纪90年代在原址新建的凤山水门

皇城至朝天门（今鼓楼）一带的御街沿线有太庙以及三省六部、枢密院、五府等重要机构，其中和宁门至六步桥路口一段实际上具有外朝的性质，是元旦和冬至大朝会时的会集排班之所。城市的中、北部是居民区和商业区。城内虽设有九厢以利管理，但官署与居民的坊巷间杂，如御史台在清河坊（今河坊街）之西，秘书省在天井巷（今小井巷）之东，五寺、三监、六院等均分布在临安城内各坊巷间。⑥

临安城的礼制性建筑也不像北宋汴京城那样在御街两侧对称设置。如赵氏祖庙——太庙位于城南中山南路的西侧，而景灵宫则在临安城西北的新庄桥，以刘光世、韩世忠旧宅改建而成。景灵宫附近还建有供奉昊天上帝和圣祖、太祖以下皇帝的万寿观，以及供奉五福太乙神的东太乙宫。⑦

临安城内河渠众多，有盐桥运河（也称大河，即今中河）、茅山河、市河、清湖河等，除了御街外，还有四条大的横街，横街之间是东西向的小巷，共同构成了纵街横巷、水陆并行的街网布局，是中国自宋代以来形成的长方形"纵街横巷式"城市布局的典型代表。

宋亡以后，南宋皇宫先遭火焚，后被改为佛寺。元朝为示一统天下，禁止修筑城墙，临安城墙与城门也逐渐被夷平。至元末，张士诚割据两浙，以杭州为据点，于元至正十九年（1359年）改筑杭城，东城向外拓展三里，西北改曲为直，南城则内缩，将原南宋皇宫所在地块截于城外；废南宋钱湖门、东便门、保安门、嘉会门等四座旱城门，新建凤山门⑨；又更换了一些城门名称，如新开门改称永昌门，崇新门改为清泰门，东青门改称庆春门等，从而奠定了明清杭州城的基本格局。⑧辛亥革命后，杭州城门相继拆除，独留至正十九年建造的凤山水门。（图一）所谓"宋朝宫殿元朝寺，废址秋风感黍离"⑩，繁华一时的临安城如今已为现代城市所覆盖。

⑥ [宋]潜说友《咸淳临安志》卷一《行在所录·皇城图》，道光庚寅钱振绮堂汪氏仿宋本重雕，江苏古籍刻印社，1986年版。

⑦ [宋]潜说友《咸淳临安志》卷三《行在所录·郊庙》，道光庚寅钱振绮堂汪氏仿宋本重雕，江苏古籍刻印社，1986年版。

⑧ [明]田汝成《西湖游览志》卷七《南山胜迹》，浙江人民出版社，1980年版。

⑨ 凤山门包括一座旱门和一座水门。

⑩ [明]释宗泐《全室外集》卷七《七言绝句·秋日钱塘杂兴》，台北商务印书馆，1983年版。

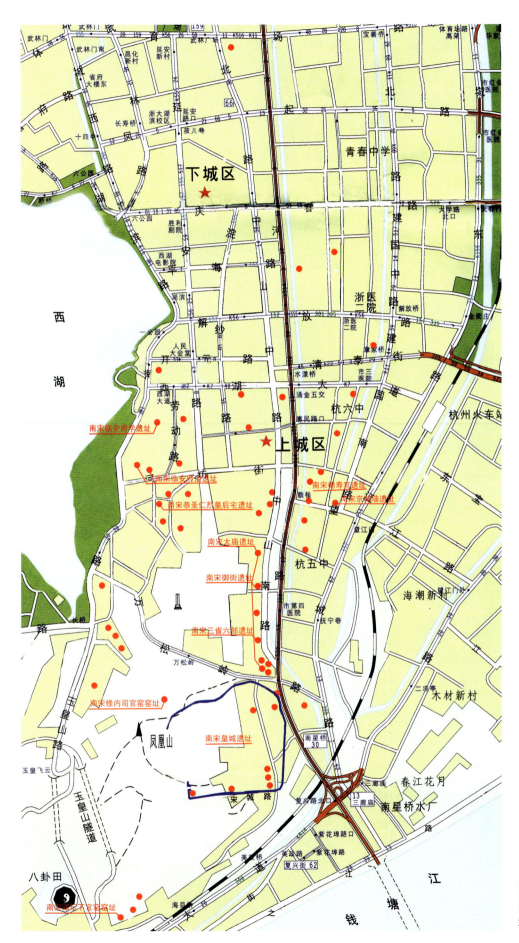

图二
临安城遗址考古调查与发掘
地点分布图

二

临安城考古工作始于20世纪50年代。1956年，浙江省文物管理委员会对乌龟山南宋官窑首次进行考古发掘。1983年秋，由中国社会科学院考古研究所、浙江省文物考古研究所和杭州市文物管理委员会办公室联合组成的临安城考古队，在队长徐苹芳先生的主持下，正式开始了对南宋临安城尤其是皇城遗址的调查、钻探与试掘工作。1984年，在杭州市文物管理委员会办公室的基础上，杭州市组建杭州市文物考古所，在积极参与临安城考古队调查与勘探工作的同时，开始独立开展配合基建的抢救性考古发掘工作。1993年以后，临安城考古队因故暂停工作，杭州市文物考古所主动承担了南宋临安城的考古调查与发掘工作。二十多年来，在国家文物局、浙江省文物局、中国社会科学院考古研究所、浙江省文物考古研究所等单位及徐苹芳先生等众多考古前辈的关心下，在杭州市园林文物局的直接领导下，杭州市的考古工作者坚持"保护为主，抢救第一，合理利用，加强管理"的方针，积极配合城市基本建设进行考古发掘，发现了包括皇城、德寿宫、太庙、官署、御街、皇后宅第、官窑等在内的大量与南宋临安城有关的重要遗址，使深埋地下的临安城遗址的轮廓逐渐清晰。其中，南宋太庙遗址（1995年）、南宋临安府治遗址（2000年）、老虎洞南宋窑址（2001年）、南宋恭圣仁烈皇后宅遗址（2001年）、严官巷南宋临安城御街遗址（2004年）等五项考古发现在"全国十大考古新发现"评选活动中榜上有名。2004年，为配合临安城遗址——皇城遗址保护规划的编制，在浙江省文物局的积极协调下，中国社会科学院考古研究所、浙江省文物考古研究所和杭州市文物考古所组建新的临安城考古队，由安家瑶任队长，重新启动了南宋皇城遗址的考古勘探工作。（图二）

图三　南宋皇城北城墙

图四　凤凰山东麓宋高宗楷书石刻题记

（一）初步探明南宋皇城的四至范围及主要宫殿的位置所在

南宋皇城位于杭州市西南的凤凰山东麓，是宋高宗赵构于建炎三年（1129年）以临安为行在后、在北宋州治基础上扩建而成。元时皇城失火，宫室焚毁过半，又有恶僧杨琏真伽在此大兴寺庙，至明代渐成废墟。现皇城为单位和民居所覆盖，仅在馒头山东麓及万松岭路南市中药材仓库的西侧地表尚存小部分城墙。（图三）凤凰山东麓尚有宋高宗楷书"忠实"（图四）、南宋淳熙五年（1187年）王大通书

"凤山"及"皇宫墙"等石刻题记。

20世纪80年代,临安城考古队每年都有计划地对南宋皇城进行考古调查与钻探,并在万松岭、馒头山、南星桥、梵天寺东侧、宋城路一带几个关键部位进行试掘,确定皇城东城墙和北城墙的位置,同时探明了城墙的夯筑方法。[⑪]20世纪80年代后期以来,杭州市文物考古所对南宋皇城遗址进行了多次考古调查与发掘,为了解皇城的范围、宫内格局等方面提供了大量的实物资料,比较重要的有:1988年凤凰山小学发现砖砌道路及大型夯土台基;1989年市中药材仓库发现大型建筑遗址;1993年在馒头山上的市气象局基建工地清理一处南宋遗迹;1996年省军区后勤部仓库招待所发现南北向砖砌道路及夯土台基。临安城考古队也于1991年底及1992年初在省军区后勤部仓库内、市射击俱乐部南侧发现大型夯土台基及城墙遗迹。[⑫]2004年,新组建的临安城考古队在皇城四至范围的确定、文化层堆积与遗物的认识等方面又取得突破性进展。

目前,已探明南宋皇城的四至范围大致是:东起馒头山东麓,西至凤凰山,南临宋城路,北至万松岭路南。其中,皇城南城墙外有城壕,北城墙和西城墙采用人工夯筑与自然山体相结合的建造方式,充分利用自然条件构筑皇城的防御设施。皇城的东西直线距离最长处约800米,南北直线距离最长处约600米,呈不规则长方形,面积近50万平方米。皇城宫殿区主要位于省军区后勤部仓库一带。考古调查还发现,皇城南门——丽正门与皇城北门——和宁门不在同一条直线上,表明南宋皇城没有一条纵贯南北的中轴线。西城墙发现宽18米的缺口,可能与皇城西门有关。

（二）"北内"——德寿宫遗址的轮廓日渐清晰

德寿宫原系奸相秦桧旧第,后收归官有,改筑新宫,成为高宗赵构禅位于孝宗后颐养天年的地方。孝宗为表孝敬,曾将德寿宫一再扩建,其规模堪比南宋皇城。因此,当时的德寿宫又有"北内"之称。淳熙十六年(1189年),孝宗仿效高宗内禅,并退居德寿宫安享晚年,将德寿宫改称重华宫。此后,德寿宫又数易其主,名称几经变更,并随着南宋的衰败而逐渐被荒废。[⑬]今地面建筑无存。经过多次考古调查和发掘,德寿宫遗址的轮廓已日渐清晰。

1984年,为配合中河综合治理工程,临安城考古队在望仙桥至新宫桥之间的中河东侧发现一条南宋时期的南北向砖砌道路。该道路宽2米,砌筑整齐,路基厚达0.4米,距中河约15米,很可能与德寿宫遗址有关。

2001年9月至12月,为配合望江路拓宽工程,杭州市文物考古所对望江路北侧地块进行抢救性考古发掘,发现了德寿宫的东宫墙、南宫墙及部分宫内建筑遗迹。东宫墙呈南北向,揭露长度约3.8米,系夯土墙外侧包砖而成。在其西侧还发现一条长11.7米、残宽2.3米的砖道遗迹,直通南宫墙东端的便门。这次发现的东宫墙虽破坏严重,但它紧邻吉祥巷西侧,其位置与明田汝成《西湖游览志》卷十三《南山分脉城内胜迹·夹墙巷》中"夹墙巷(今吉祥巷),宋时德寿宫墙外委巷也"的记载相吻合。南宫墙位于望江路北侧,揭露长度31米,墙体通宽2米,残高0.83米,以砖包砌,拐角以石加固。宫内建筑遗迹可分为两组,由大型夯土台基、排水沟、过道、廊及散水等遗迹组成,规模宏大,营建考究。

⑪ 《杭州市南宋临安城考察》,《中国考古学年鉴·1985年》,文物出版社,1985年版;《南宋临安城遗址》,《中国考古学年鉴·1986年》,文物出版社,1988年版。

⑫ 《南宋临安城皇城遗址》,《中国考古学年鉴·1993年》,文物出版社,1995年版。

⑬ [元]脱脱等《宋史》卷一百五十四《舆服六·宫室制度》,中华书局标点本,1977年版。

2005年11月至2006年4月，为配合望江地区改造建设工程，杭州市文物考古所又对杭州工具厂地块进行了抢救性考古发掘，发现了西宫墙与便门、水渠（图五）、水闸与水池、砖铺路面、柱础基础、墙基、大型夯土台基、水井等与南宋德寿宫有关的重要遗迹。西宫墙呈南北走向，已揭露长度为9米，墙基宽2.2米，残高0.7米，墙体由黄黏土夯筑而成，两侧局部还残留长方砖和"香糕砖"错缝平砌而成的包砖痕迹。随着西宫墙的发现，德寿宫的西界由此确定。结合之前发现的南宫墙、东宫墙，德寿宫的范围更加清晰。同时发现的以曲折的水渠、水池、假山等为代表的园林建筑遗迹，规模宏大，构思精巧，为一窥南宋时期的皇家园林风貌、研究其布局与造园技术提供了宝贵的实物资料。

（三）御街——南宋临安城的中轴线

南宋御街又称"天街"，它南起皇宫北门——和宁门外（今万松岭南侧的凤凰山脚路口），经由朝天门（今鼓楼），往北到达今武林路一带，是南宋临安城的中轴线，在临安城的城市布局中起着重要作用。⑭自1988年起，杭州市文物考古所曾先后四次发现南宋御街遗迹。

1988年，杭州卷烟厂基建工地首次发现南宋御街。御街为南北走向，其中保存较好的残长26.65米，宽约3.85米，由"香糕砖"横向错缝侧砌而成，两侧以砖包边，做工考究。

1995年，紫阳山东麓发现了南宋太庙的东围墙及建筑基址，在东围墙外侧揭露了部分南宋御街遗迹，探明南北长约80米，揭露最宽处3.5米。其中太庙东围墙的部分墙体直接砌筑于御街之上。由于太庙营建于绍兴四年（1134年），该发现为探讨南宋御街的始建时间提供了重要的实物资料。

2004年，为配合万松岭隧道东接线严官巷段的道路建设，杭州市文物考古所对该地段进行了考古发掘，在严官巷东段北侧第三次发现南宋御街遗迹。该遗迹紧靠中山南路，南北走向，其东、南、北三面尚压在地层中，揭露部分南北长9.3米，东西宽2.5米。路面用"香糕砖"横向错缝侧砌，外侧用大砖包边，御街南端还发现了沟渠等遗迹。御街西侧另发现一砖砌的东西向通道，揭露长度为6.95米，宽8.5米，其主体可分为南北向并列的三段，每段宽度均在2米以上。（图六）

2008年，为配合中山路综合保护与有机更新工程的实施，杭州市文物考古所在中山中路112号进行考古发掘，发现上下叠压的两层御街遗迹及其排水沟，其中上层御街为石板铺筑，下层为香糕砖横向侧砌，宽度均为11.6米。

图五　南宋德寿宫遗址之大型水渠遗迹（西—东）

图六　严官巷南宋御街（南—北）

随着南宋御街的四度发现，基本可以确定南宋临安城的中轴线大部分位于今天的中山路一带并与之重合，中山路是由南宋御街逐步演变而来并一直延用到现在。中山中路112号发现的上下叠压的两层御街，表明南宋御街经过了由砖砌到石板铺筑的营建方式的转变，关于南宋御街的砖、石之争也因此得以解决。

图七
临安城东城墙基础遗迹
（南—北）

（四）东城墙的发现，确定了临安城的东至

德祐二年（1276年），南宋灭亡。元朝下令拆毁诸州城墙，临安城墙也逐渐被夷为平地。[15]昔日的高墙深壕已为现代道路所覆盖，只留下"城头巷"、"金鸡（京畿的讹称）岭"等与之相关的地名。

1984年春开始，为配合中东河综合治理工程，临安城考古队在江城中学西围墙外，中山南路25号至31号地段的中河东侧，老吊桥的东北角，抢救发掘出一段南宋城墙基础，距地表深2—2.4米，残长18米，残高2.4米，残宽9.5米，是一段南北走向、全部用红黏土和石块分层夯筑而成的墙基。在城墙西段的夯土层中间部分，还发现一条由西逐渐向东倾斜的砖砌券顶排水涵洞，通长11米，高约0.8米，宽1米左右，基本用双层条砖砌筑而成，保存较为完好。

2006年3月，为配合望江地区改造工程建设，杭州市文物考古所对望江路与吉祥巷交界处东侧地块（原杭州家具厂）进行抢救性考古发掘，发现南宋、北宋、五代等三个时期依次叠压的城墙基础遗迹。其中南宋城墙基础距地表2.3—2.5米，揭露南北长34.5米，东西宽15.65米，残高1.5—2米。（图七）经解剖发现，墙基主体部分宽9.7米，残高2米，系用大小不一的石块和粉沙土填筑而成，墙基东侧用石块包砌规整，外侧再打入一排排列整齐的松木桩加固墙基。墙基的东边为一宽6米的护基，由大小不一的石块和黄黏土堆砌而成，护基外侧另有两排木桩加固。城墙砖规格40.5×20×9.5厘米，一侧模印"嘉熙"，系南宋理宗年号（1237—1240年）。

两次发掘对研究五代、北宋、南宋三个时期城墙的结构和砌筑方法及杭州城市

⑭ [宋]潜说友《咸淳临安志》卷二十一《疆域六·御街》，道光庚寅钱唐振绮堂汪氏仿宋本重雕，江苏古籍刻印社，1986年版。
⑮ [明]田汝成《西湖游览志》卷十四《南山分脉城内胜迹》，浙江人民出版社，1980年版。

图八
南宋太庙遗址之东围墙遗迹
（西北—东南）

的变迁提供了重要的实物资料，也为全国重点文保单位——南宋临安城遗址保护范围的划定提供了重要依据。

（五）太庙等系列重要建筑遗址——南宋官式建筑的实证

二十多年来，考古工作者在配合城市建设所进行的考古发掘中，陆续发现了许多南宋时期的宗庙、中央官署、地方行政机构等重要建筑遗迹，使人们对临安城这座深埋于地下的城市的印象与认识逐渐丰满起来，也为南宋官式建筑以及临安城城市布局的研究提供了重要的实物资料。

1．太庙遗址

太庙是帝王祭祀祖先的祖庙，也是临安城最重要的礼制性建筑之一。它始建于宋高宗绍兴四年（1134年），曾屡经扩建与修缮。1995年9月，杭州市文物考古所在城南紫阳山东麓发现了太庙东围墙、东门门址及房屋基址等遗迹。东围墙揭露长度为80米，厚1.7米，残高1.4—1.5米，全部用规则条石错缝砌成，墙内用石块及黄黏土充填。（图八）围墙内侧置散水，外侧为南宋御街。东门位于围墙中段，宽4.8米。房屋基址均建在用黄黏土夯筑而成的夯土基础上。该遗址规模宏大，营造考究，充分展示了明以前太庙的建筑格局及风貌。⑯

2．三省六部遗址

宋代中央行政机构实行三省六部制。三省即中书省、门下省和尚书省，是国家最高政务机构。六部则是尚书省的组成部分，是吏、户、礼、兵、刑、工各部的总称。1984年，临安城考古队在杭州卷烟厂发现规模较大的建筑遗迹及排水设施。1987年，杭州市文物考古所在中山南路的杭州东风酿造厂发现一处南宋建筑遗址，根据其位置以及方砖上模印"官"字等情况分析，这里应该是一处重要的南宋三省六部官衙用房遗址。1994年至1995年期间，杭州市文物考古所又在以大马厂巷为中心的杭州卷烟厂基建工地发现了大型房基、水沟、窖井等与三省六部

图九
南宋恭圣仁烈皇后宅遗址水池遗迹（东北—西南）

有关的重要遗迹。⑰

3．恭圣仁烈皇后宅遗址

2001年5月至9月，为配合四宜路旧城改造工程，杭州市文物考古所在中大吴庄基建工地进行的考古发掘中，发现了南宋恭圣仁烈皇后宅遗址主体建筑一处，包括正房、后房、东西两庑、庭院和夹道遗迹。正房、后房和两庑均建在夯土台基上，台基周围用砖包砌成台壁，地面全部用砖铺成。庭院和夹道均有完善的排水设施。正房面宽七间，进深三间，柱础石为水成岩，东西两庑面宽亦达七间。庭院的中部和北部保留有水池与太湖石垒砌的假山、砖砌的假山过道，规模十分宏大。⑱（图九）

4．临安府治遗址

临安府治是南宋京城临安的地方最高行政机构所在地，系在五代净因寺基础上扩建而成。⑲2000年8月，杭州市文物考古所在河坊街荷花池头发现南宋临安府治中轴线上的一组建筑，这是一组以厅堂为中心、前有庭院、后有天井、周围有厢房和回廊环绕的封闭式建筑群遗址。⑳（图一〇）

5．临安府学遗址

宋代统治者汲取唐末武官专权的教训，大兴文人政治，文化教育事业兴旺发达。南宋时期，京城临安更是全国文化教育的中心，教育机构林立，分工细致。府学便是临安府设立的最高教育机构。2003年10月，杭州市文物考古所在荷花池头（新民村）发现一处与南宋府学相关的建筑遗迹，包括夯土地面、砖砌夹道、砖墙、散水、廊庑、天井等。

综观这些考古发现的南宋时期重要建筑遗迹，具有以下特点：

规模宏大，营建考究。建筑的主体一般位于大型夯土台基上，由黄黏土分层夯筑。如临安府治遗址、恭圣仁烈皇后宅的夯土台基均高50—80厘米以上。台基外

⑮ 杭州市文物考古所《杭州发现南宋临安城太庙遗址》,《中国文物报》,1995年12月31日。

⑰ 杭州市文物考古所《杭州发现南宋六部官衙遗址》,《杭州考古》1995年12月。

⑱ 《杭州吴庄发现南宋恭圣仁烈皇后宅遗址》,《2001年中国重要考古发现》,文物出版社, 2002年版。

⑲ [宋]潜说友《咸淳临安志》卷五十二《府治》,道光庚寅钱唐振绮堂汪氏仿宋本重雕,江苏古籍刻印社,1986年版。

⑳ 杭州市文物考古所《杭州南宋临安府衙署遗址》,《文物》2002年10期。

侧包砖，压阑石及柱础为灰白色水成岩。室内以长方砖或方砖墁地，临安府治遗址发现的方砖上还模印精美的花纹。室外地面和路面常用制作规整的"香糕砖"错缝侧砌。严官巷遗址发现的瓦当直径达23厘米，为临安城历年考古发现的瓦当之最。

设计巧妙、设施齐全。以排水设施为例：太庙遗址东围墙内侧有长方砖铺筑的散水，围墙底部有由内而外、穿墙而过的排水沟。临安府治遗址北区天井的内侧

图一〇
南宋临安府治遗址之西廊房及散水遗迹（北—南）

设置曲折形砖砌散水，并通过石构壶门与厅堂底部暗沟相通。恭圣仁烈皇后宅其东西两庑的廊檐下各有一南北向排水沟，正房和后房的廊檐下各有一东西向的排水沟，与庭院东北角、东庑台基下一砖砌暗沟相连。庭院中部设置长方形水池，其西壁压阑石上凿有溢水槽，其立面呈倒"凸"字形，分上下两部分。

园林建筑发达，造园技术高超。南宋临安城园林数量之多甲于天下，奢侈之风不亚于汴京旧都。帝王之宫，叠石如飞来峰，凿池似小西湖；贵戚豪吏之园囿，或占地半湖，或纵横数里。在园林设计上具有"因其自然，辅以雅趣"[21]，山水风光与建筑空间交融的风格，在我国园林史上留下了重要的一页。在"北内"德寿宫遗址、恭圣仁烈皇后宅、白马庙巷制药遗址都发现大量的以太湖石砌筑的假山遗迹；砖砌道路的两旁经常发现砖砌的花坛；德寿宫遗址以大型曲折形水渠，引水入宫。这都为研究中国古代南方园林尤其是南宋时期的园林布局和营造技术提供了重要的实物资料。

（六）官窑窑址与制药作坊——南宋手工业遗存的发现

南宋临安城内的手工业经济相当发达。手工作坊作为手工业经济发展的必然产物，也是南宋都城临安城市经济发达的标志。据文献记载，南宋时每一类商品都有其专门的制造作坊，仅《梦粱录》卷十三《团行》条所记载的就有二十二种之多，

且产品大部分是日常生活所需的各种物品。㉒按照经营者的不同，这些手工业作坊可以分为官营和民营两大类，而在官营手工业中则云集了全国最优秀的工匠。

1. 南宋官窑窑址

宋代是中国制瓷业发展十分兴盛的一个时期，出现了"官、哥、汝、定、钧"五大名窑，官窑瓷器在用料上不惜工本，造型与工艺精益求精，反映了当时制瓷业的最高水平。据史书记载，南宋在都城临安先后建有两座官窑，即修内司官窑与郊坛下官窑。㉓经过考古工作者多年的努力，郊坛下官窑与修内司官窑之谜已先后被破解。

图一一　老虎洞南宋官窑窑址之瓷片坑堆积

（1）乌龟山官窑窑址

位于杭州闸口乌龟山南麓，发现于20世纪20年代。1956年，当时的浙江省文管会曾在窑址南部进行首次局部发掘；㉔1985年，临安城考古队进行正式发掘，发现龙窑、素烧炉、练泥池、釉料缸、辘轳坑、堆料坑、素烧坯堆积、房基、排水沟及道路等遗迹，出土大量的碗、盘、壶等器物残片及鬲式炉、琮式瓶等仿古器物。其产品以深灰胎为主，胎质细腻；釉色以粉青和米黄色为正，但以灰青、黄褐、土黄色居多。按照胎、釉厚度的不同，其产品主要分为厚胎薄釉和薄胎厚釉两大类。除部分器物的外壁装饰有莲瓣纹外，大多是素面。此外，还发现了匣钵、支烧具和垫烧具等窑具。经研究考证，乌龟山窑址正是南宋两大官窑之一的郊坛下官窑。㉕

（2）老虎洞官窑窑址

位于杭州市凤凰山与九华山之间一条长约700米的狭长溪沟的西端，距南宋皇城北城墙不足百米。1996年因雨水冲刷而发现，经过杭州市文物考古所三次较大规模的考古调查与发掘，发现龙窑、素烧炉、采矿坑、练泥池、釉料缸、辘轳坑、房基等一大批制瓷遗迹，出土了大量造型规整、釉色莹澈的南宋时期瓷片。（图一一）目前已复原出数千件瓷器，有碗、盘、洗、盏托、套盒、盆、罐、壶、瓶及各式炉、尊、觚等二十余类，对系统研究宋代的制瓷工艺有极高的价值，也为深入研究南宋时期官营手工业的生产、经营和管理等问题提供了详实的资料。根据地望及产品特征，特别是"修内司"铭荡箍的发现，证实老虎洞南宋窑址就是文献记载的南宋修内司官窑。㉖

2. 南宋制药作坊遗址

南宋时期的社会医疗保障体系已达到了比较完善的程度。绍兴六年（1136年），朝廷于临安设熟药所四处。绍兴十八年（1148年）又改熟药所为"太平惠民局"。㉗熟药所的设立及相关制度的制定与实施，使成药使用有所普及，给民众医治疾病带来了便利，在中国医药学史上有其积极意义。此外，民间的药坊也十分兴盛，如当

㉑ [宋]叶绍翁《四朝闻见录》《戊集·闻古南园》，知不足斋丛书本，中华书局，1989年版。

㉒ [宋]吴自牧《梦粱录》卷十三《团行》，知不足斋丛书本，浙江人民出版社，1984年版。

㉓ [宋]顾文荐《负暄杂录》见元陶宗仪《说郛》卷一八，商务印书馆，1937年版，[宋]叶寘《坦斋笔衡》见《说郛》卷二九，中华书局，1959年版。

㉔ 浙江省博物馆《三十年来浙江文物考古工作》，载《文物考古工作三十年（1949年-1979年）》，文物出版社，1981年版。

㉕ 中国社会科学院考古研究所、浙江省文物考古研究所、杭州市园林文物局《南宋官窑》，中国大百科全书出版社，1996年版。

㉖ 杭州市文物考古所《杭州老虎洞南宋官窑窑址》，《文物》2002年10期。

㉗ [宋]王应麟《玉海》卷六十三《熙宁太医局》，据光绪九年浙江书局刊本影印，扬州广陵书社，2003年版。

图一二
白马庙巷制药遗址出土的
植物果核

时在惠民路一带有"杨将领药铺"等，在太庙前有"陈妈妈泥面具风药铺、大佛寺疖药铺、保和大师乌梅药铺"等。㉘

（1）惠民路制药遗址

1996年，杭州市文物考古所在惠民路中段距地表深约3米处发现一作坊遗址，为一座三开间的房屋，坐北朝南，用方形或长方形的砖砌墙或铺地。中间房内发现2个口沿与室内地面平齐的大陶缸，直径分别为0.87米和0.97米，深为0.95米和1.05米。遗迹以西的堆积层中发现与制药有关的大量"韩瓶"及其残片、石碾轮、石砧等。根据实物及地理位置推测，该处遗迹可能与私营制药作坊有关。

（2）白马庙巷制药遗址

2005年6月，杭州市文物考古所在白马庙巷西侧发现一处南宋制药遗迹，包括用于中药材浸泡、漂洗及去果肉的水缸和水槽，用于药材晾晒的天井以及粉碎果核的石质药碾子等。水缸中出土了大量具有药用价值的植物内核，包括乌梅核、甜瓜籽、樱桃核、青果核等。（图一二）据胡庆余堂中药博物馆的专家介绍，这些果核均可入药，具有保健养生之功效。其中乌梅可用于"肺虚久咳，久痢滑肠，虚热消渴，呕吐腹痛"，现在也还常用。据《船窗夜话》记载："孝宗尝患痢，德寿忧之。过宫，偶见小药局，遣使宣之。至，语以食湖蟹多故至此。医曰：'此冷痢也。用新米藕节热酒调服。'数服而愈，德寿乃大喜。以金杵臼赐之，乃命以官。至今呼为金杵臼严防御家。"㉙该制药作坊遗迹的位置临近严官巷，且建筑规格较高，很可能与"金杵臼严防御家"有关，它的发现为我国中药发展史的研究提供了珍贵的实物资料。

三

南宋临安城是一个被现代城市完全叠压的古代城址，又地处民居众多，人口密

㉘ [宋]吴自牧《梦粱录》卷十三《铺席》，知不足斋丛书本，浙江人民出版社，1984年版。

㉙ [清]丁丙《武林坊巷志》第二册《丰下坊一·严官巷》，浙江人民出版社，1990年版。

集的旧城区，在此条件下进行古城址的考察和保护工作，其困难之大是其他城址所无法相比的。

1．发掘项目的不可预见性

城市考古工作的主要任务是配合基建的抢救性发掘，因而与城市基本建设的周期密切相关。城市建设大发展时期，考古发掘项目就多；而当城市建设处于相对稳定时，考古发掘项目就少，甚至空白。这种项目的不可预见性给发掘工作带来许多不确定因素，如发掘工作无计划、发掘时间受限制等，致使发掘资料零散。

2．文物遗迹叠压关系的复杂性

杭州是一座重叠型城市，现代城市与古代城址基本重叠，各个时期的文物遗迹依次叠压，特别是南宋临安城遗址地处杭州旧城区，现在的许多道路就是由南宋逐渐演变而来，如现在的中山路就是在南宋御街的基础上，历经元、明、清、民国等时期逐渐演变成为现代城市的主要道路。元灭宋，临安城城墙被拆毁，其原址如今也已变成道路，考古勘探工作难度极大。

3．发掘面积的局限性

由于城市考古主要是配合基建进行的考古发掘，在21世纪之前，受发掘经费及当时文物保护意识的限制，发掘面积不能随工作的需要拓展，许多重要遗迹不能较全面的揭露，留下不少遗憾；进入21世纪，考古工作又面临几多无奈，随着大规模旧城改造的结束，到处都是钢筋混凝土结构的建筑，考古勘探与发掘的空间日益减小。

4．遗址保护与展示的复杂性

杭州旧城区地下水位普遍较高，1米以下地层就出水。而临安城遗址的许多重要遗迹往往在地下2—3米深处，保护和展示的难度非常大。同时，随着近年来国民经济的持续高速发展，能源和原材料消耗大幅增加，杭州已成为全国重酸雨污染的城市之一，以二氧化硫为主造成的酸雨危害已对遗址的保护与展示构成威胁，必须引起足够重视。

在城市建设日新月异的新形势下，如何面对困难，积极探索临安城考古工作的新方法和新思路，继续开展临安城遗址的考古工作，已成为杭州考古工作者必须面对的新课题。

1．结合文献及现地名，见缝插针，探明南宋临安城的范围及其平面布局

杭州的历史地名遗存以南宋时期的为最多，杭州历史地名中的坊名和巷名，就是从南宋时期开始的，而且大都沿用到今天。这些与杭州城市历史变迁有着紧密渊源关系的地名，为临安城遗址的考古工作提供了重要的线索。收集相关信息，加强考古调查，普遍钻探和重点试掘相结合，逐步探明临安城遗址的范围和平面布局，是今后临安城考古的重要途径和主要任务之一。

2．抓紧历年发掘资料的整理和研究，逐步建立临安城遗址资料库

由于临安城遗址占地面积大，遗址上部为元、明、清及近现代杭州城市所叠压，地层堆积异常复杂，要完全搞清其内涵，涉及几代考古工作者的辛勤工作，考古资料的保存和积累就显得非常重要。要调整工作重点，利用主动调查和配合基建发掘的间隙，集中力量，抓紧历年积累的发掘资料的整理和研究，还清旧帐。详尽

收集与临安城有关的历史文献资料，逐步建立集历史文献和考古资料为一体的临安城资料库。

3．增强课题意识，开展多学科合作研究

临安城遗址是典型的南方山水城市，南宋皇帝又偏爱湖山水榭，城内沟渠纵横，池苑众多。在这些沟渠、池苑的淤积层内，往往包含有比较丰富的动植物遗骸及花粉、孢子等，为深入研究南宋时期的自然环境提供了丰富的实物资料。同时，临安城是南宋的经济中心，官营和民营手工业非常发达，种类繁多，分工细致。陶瓷业、制药业、丝绸业等手工经济的发展，为开展多学科合作研究提供了广阔的前景。

4．考古发掘和文物保护并重

遗址的保护和展示要坚持面对现实、实事求是的原则。对于在城市基本建设中发现的重要文物遗迹，本着对文物的尊重和宽容，该保护的要坚决保护。文物遗迹的展示不能勉强，根据遗迹性质的不同，遗迹本体的大小，展示的方式也应有所区别。对于文物本体较大的展示，建立相应的遗址博物馆是一种很好的方法，新近建成并对外开放的严官巷南宋遗址陈列馆就是很好的实例；而文物本体较小的遗迹展示，可采取局部展示，适当复原的方式，以达到展示功能和效果的最大化。

四

南宋是中国历史上经济文化高度发展的时期，南宋临安城是这一时期社会经济文化繁荣发展的代表。因此，有关临安城遗址考古资料的整理和研究工作具有十分重要的意义。

经过文物考古工作者的不懈努力，临安城遗址的考古工作取得了明显的成果。作为考古工作的重要组成部分，考古资料的整理和报告出版工作也一直是临安城考古工作者的主要任务之一。20世纪80年代前期，临安城遗址的考古工作主要集中在对皇城遗址的调查和勘探上，受发掘条件（经费、面积等）及城市考古本身的局限，考古工作大多见缝插针，选取几个关键部位进行钻探和试掘，发掘资料尚处于逐步积累的阶段，初步整理成果已在《中国考古学年鉴》上发表。考古资料的整理和研究工作，加深了对临安城皇城遗址的范围及总体布局的认识。20世纪80年代后期，乌龟山南宋官窑经过第二次大规模发掘，积累了大量珍贵的实物资料。在相关单位和部门的多方支持下，临安城考古队组织人员，克服场地、经费等困难，经过朱伯谦、李德金、蒋忠义、陈元甫和姚桂芳诸位先生的共同努力，编写出版了临安城遗址的第一本发掘报告《南宋官窑》。报告通过对主要器物的类型学研究，提出南宋官窑瓷器可分为前后两期，根据出土的南宋晚期典型器物推断出窑场建于南宋初年定都临安前后，停烧于南宋灭亡时的观点。报告的出版使南宋官窑的研究进入一个新的阶段。

进入20世纪90年代，随着杭州城市大规模旧城改造的进行，杭州市文物考古所承担了大量配合基建的发掘任务。特别是2000年以后，随着文物保护意识的增强，为妥善处理文物保护与基本建设的关系，杭州市政府审时度势，要求文物部门加强对临安城遗址范围所在的旧城区内基本建设项目的监管和控制，并划定地下文物重点保护

区，规定在保护区内的基建项目，必须履行"先考古发掘，后建设"的原则。在时间紧、任务重、人员少的情况下，杭州市的考古工作者放弃节假日的休息，长年奋战在考古工作第一线，在推土机和挖掘机下，抢救了一大批重要文物遗迹。为及时将发掘资料公布于众，考古工作者利用考古发掘的间隙，先后整理编写出版了部分简报或图录，如《杭州老虎洞南宋官窑址》、《杭州南宋临安府衙署遗址》、《杭州卷烟厂南宋船坞遗迹发掘报告》㉚、《杭州严官巷南宋御街遗址发掘简报》㉛、《杭州白马庙巷南宋制药作坊遗址》㉜、《杭州老虎洞南宋官窑瓷器精选》㉝、《南宋御街》㉞等。

为了及早将多年来积累的临安城遗址考古发掘资料整理出版，自2006年起，在国家文物局和浙江省文物局的关心和支持下，杭州市园林文物局决定组织专业人员全力以赴开展历年发掘资料的整理工作，并在项目统筹、经费保障、人员调配、时间安排等方面给予全力支持。杭州市文物考古所及时调整工作重点，倾全所之力，专门成立历年考古发掘资料整理小组。在中国社会科学院考古研究所、浙江省文物考古研究所和文物出版社的大力支持下，杭州市文物考古所制定了详细的整理工作计划，力争在4年内完成历年考古资料的整理出版。目前《南宋太庙遗址》发掘报告已于2007年出版，其他发掘报告也将陆续完成。

临安城遗址占地面积大，考古工作大多呈点状分布，所揭露的遗迹现象既有相对的独立性，又有相互联系的地方。报告的编写将采取重点报告、部分组合的方法，力求全面、系统和客观地公布发掘资料。如太庙遗址、皇城遗址、德寿宫遗址、恭圣仁烈皇后宅遗址等将单独编写报告，而南宋御街遗址在杭州卷烟厂（1988年）、太庙巷（1995和1997年）、严官巷（2004年）和中山中路（2008年）均有发现和发掘，为保证发掘资料的完整性和系统性，《南宋御街遗址》将四地发现的御街遗迹集中在一本报告中。临安府治与府学均为南宋临安府的重要机构，两个遗址地点临近，故合编为《南宋临安府治与府学遗址》。南宋皇城遗址的考古工作起步早，所做工作较多，报告力争将历次考古资料均收集在内。

临安城遗址的保护和展示也是今后必须面对的问题。近年来，杭州市为此进行了一些有益的尝试和探索，如南宋官窑两座窑址的保护和展示、太庙遗址广场的建成，严官巷南宋遗址陈列馆的开放等，均取得了良好的社会效益，报告附录部分将收录相关遗址的保护材料。

部分考古项目由于历史的原因，存在资料不完整、图片质量差等情况，但考虑到资料的珍贵和对付出心血的前辈们的尊重，我们也将客观、真实地予以整理并编入相关报告中。由于临安城遗址的大部分考古项目属于配合基本建设的考古发掘，受工程量大、时间紧和发掘面积的局限，造成部分信息的不完整甚至缺失，失误之处也在所难免。希望通过资料整理和报告的编写，及时总结经验教训，对今后的工作有所改进和提高。

总之，临安城遗址的内涵极其丰富，许多不解之谜尚待通过考古这一特殊手段去解决。作为当今城市考古的重要组成部分，南宋临安城遗址的考古工作任重而道远。临安城的考古工作凝聚了国家、省、市众多文物考古工作者的心血和努力，也得到了各级政府及社会各界的关心和支持，编者在此谨代表杭州市文物考古所的全体同仁向各方表示衷心的感谢。

㉚ 梁宝华《杭州卷烟厂南宋船坞遗迹发掘报告》，《杭州文博》第2辑，杭州出版社，2005年版。

㉛ 李蜀蕾《杭州严官巷南宋御街遗址发掘简报》，《杭州文博》第3辑，杭州出版社，2006年版。

㉜ 李蜀蕾《杭州白马庙巷南宋制药作坊遗址》，《杭州文博》第6辑，杭州出版社，2007年版。

㉝ 杜正贤主编《杭州老虎洞南宋官窑瓷器精选》，文物出版社，2002年版。

㉞ 张建庭主编《南宋御街》，浙江人民出版社，2006年版。

目　录

插 图 目 录

彩 版 目 录

第一章　遗址发掘的缘起与概况

　　2001 年 4 月中下旬，市民报告在浙江中大集团吴庄基建工地上发现了瓷片和铜钱等文物，杭州市文物考古所立即组织人员到工地现场进行查看。

　　中大吴庄基建工地位于浙江省杭州市上城区，东临四宜路，西接蔡官巷北段，南起蔡官巷南段，北至清波街。沿清波街西行约 200 米即为南宋临安城的西南京城门——清波门的旧址，沿蔡官巷过清波街走府前街北行约 120 米即为南宋临安府的府治遗址[①]。整个区块在云居山（海拔约 94 米）北麓缓坡上，海拔约 9 米。周边地势南高北低，背山面湖，东面为吴山（海拔约 67 米），东南面为紫阳山（海拔约 98 米）。（图一、二）

　　考之相关文献，南宋时期，清波街周边、临安城的西南角分布有南宋恭圣仁烈皇后宅、七官宅、景献太子府等宅院，左右骐骥院、诸司诸军粮料院、牙兵寨、步司衙、虎翼营、架子营、教骏营及建炎四年（1130 年）迁建于此的临安府府治[②]等官署衙门，而清波门外北则为南宋孝宗皇帝为奉养太上皇高宗赵构所建的皇家花园——聚景园。（图三）

　　鉴于中大吴庄工地及其周边区域在南宋时期是临安城的主要官绅区[③]，有必要对其涉及区块进行考古发掘，我们要求基建单位立即停止施工，并对现场采取有效保护措施。经与浙江中大集团、杭州市土地储备中心协商，同时报经国家文物局批准，考古队于 4 月 23 日进驻吴庄工地，正式对吴庄工地涉及区块进行考古发掘。

　　吴庄工地总占地面积近 3 万平方米，南半部因施工已开挖至山脚，文化层破坏殆尽，我们只能对保存尚好的北半部进行发掘。由于吴庄工地没有实施基建开挖的区块尚有 14 000 多平方米，加之杭州城区的地层堆积中包含有大量石块瓦砾，难以采取钻探方式对地下遗迹保存情况进行有效探测，我们的发掘采用了探沟法。

　　为较全面了解基建涉及区块地层堆积和地下遗迹保存情况，自西向东布设了 30 × 3 米的探沟 5 条 2001HWZT1–T5（下称 T1–T5），T1、T4 为正南北向，余为正东西向。（图四）

---

① 杭州市文物考古所《杭州南宋临安府衙署遗址》，《文物》2002 年第 10 期。

② 《乾道临安志》卷二《廨舍》"府治"条："府治，旧在凤凰山之右。子城，南曰通越门，北曰双门。（钱氏旧造，至和元年，郡守资政殿学士给事中孙沔重建，枢密直学士蔡襄记并书，刻石于门之右。）建炎四年，翠华驻跸。今徙治清波门之北，以奉国尼寺（即净因寺）故基创建。"《南宋临安两志》，浙江人民出版社，1983 年版。

③ ［日］斯波义信著，胡德芬译《宋都杭州的城市生态》，唐晓峰、黄义军编《历史地理学读本》，北京大学出版社，2006 年版。

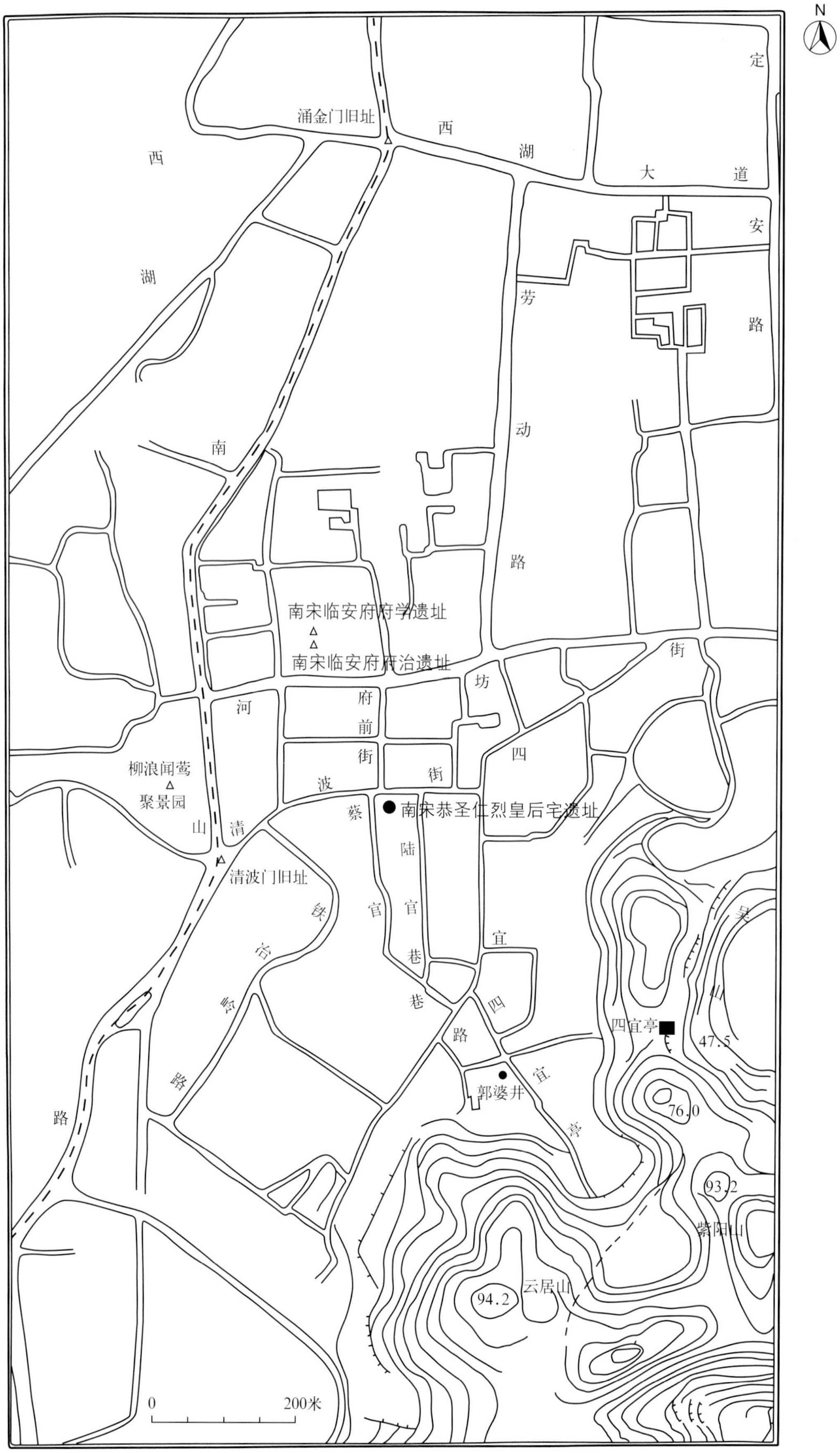

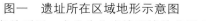

图一 遗址所在区域地形示意图

（据1986年地形图。虚线为临安城西城墙位置示意）

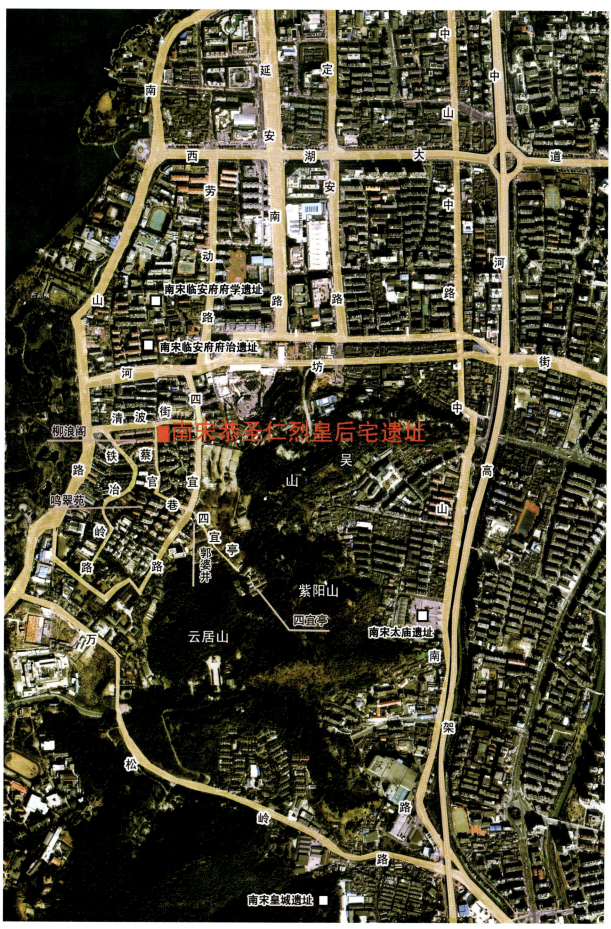

图二 遗址所在区域遥感影像图

（浙江省第一测绘院编制，2006年版）

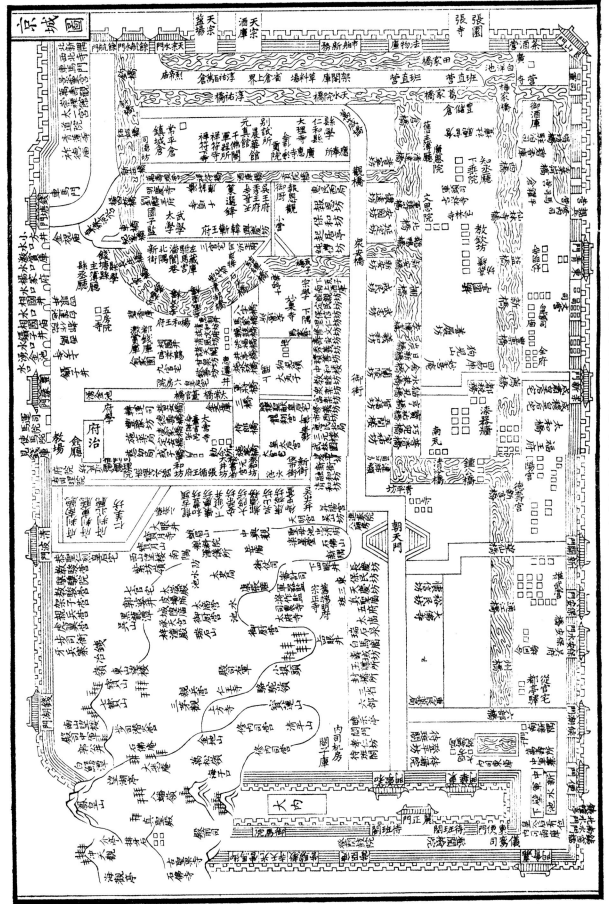

图三 《京城图》（《咸淳临安志》附图，清同治六年补刊本）

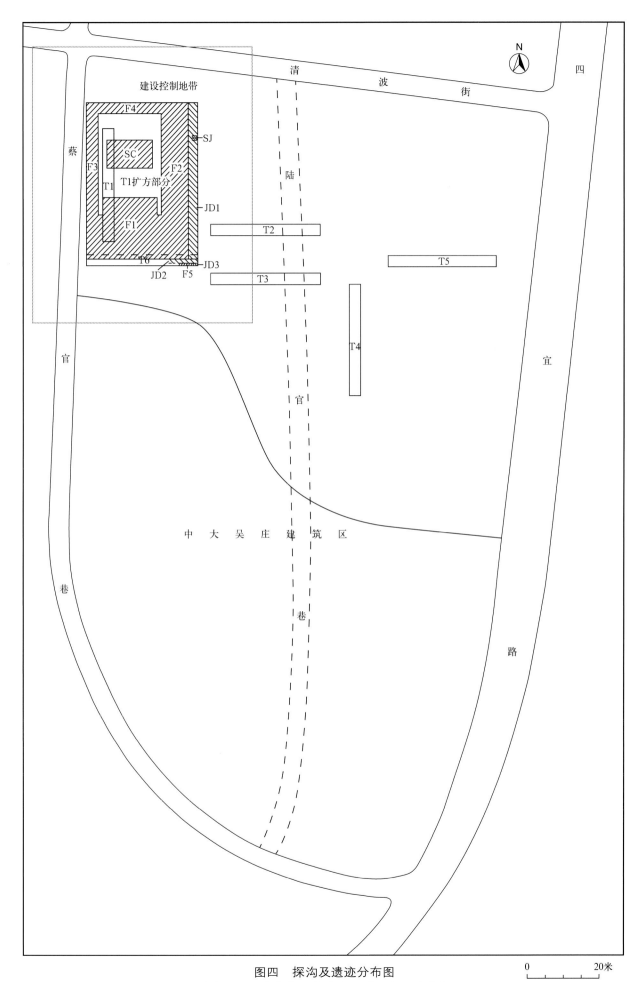

图四 探沟及遗迹分布图

（虚线所示陆官巷因吴庄小区建设拆迁消失）

图五　遗址保护现状（南－北）

　　5月上旬，在T1的南半部发现了方砖平铺的地面、水成岩质的方形柱础石和夯土台基（即F1台基的西半部）；在T1的中部和北部发现了两处长条砖①侧砌的地面（即庭院西南部的墁地），一处长方形条石平铺的遗迹（即水池西壁的压阑石），条石石质为水成岩，呈灰白色，表面和两侧都经过打磨，制作非常规整；在T1的北端发现有假山石。上述种种表明这是一处等级较高的建筑遗址，有些遗迹现象与2000年发掘的南宋临安府衙署遗址较为相似。5月中下旬，T2—T5的发掘也相继结束，除T2清理出一处保存较差的石砌墙体和砖铺地面遗迹外，T3、T4、T5都无遗迹保存，出土遗物也很少。根据T1遗迹清理的情况，我们决定对T1进行扩方（扩方部分仍编号T1），同时，为确定遗迹的南至范围，在T1的南面又布设了一条30×3米的正东西向探沟，编号为2001HWZT6（下称T6）。（图四）

　　7月初，T1和T6的发掘也全部结束。因考虑到遗迹的完整性，T1的扩方和T6之间未保留隔梁，T1四周的扩方面积达1100多平方米，发掘总面积达1650平方米。其中T1、T1扩和T6清理出的一组南宋时期建筑遗迹，面积近1300平方米。因吴庄工地的建设范围不包括周边的清波街和蔡官巷两条现代道路，遗址埋在道路下方的部分未能进行发掘清理。

　　现场发掘结束后，我们一边对出土遗物进行初步整理，一边向杭州市政府上报，要求

---

① 在杭州地区，俗称这类长28—30、宽8—10、厚4—4.5厘米的长条砖为"香糕砖"。

对遗址进行原址保护。鉴于该遗址的重要性，2001 年 11 月 5 日，杭州市政府要求浙江中大集团调整吴庄基建地块的建设规划，在遗址周围留出 15 米的建设控制地带，停止遗址范围和建设控制地带的基建工作，由杭州市文物考古所对遗址做覆土回填保护（图五），待条件成熟后再作开放展示。至此，浙江中大集团吴庄基建地块的考古发掘和保护工作告一段落。

发掘领队杜正贤，参与发掘的有马东峰、梁宝华、劳伯敏、何国伟、沈国良、赵一杰。

2006 年 10 月，考古发掘资料的整理工作正式启动，整理工作由唐俊杰主持，参与整理的有马东峰、梁宝华、何国伟、沈国良、赵一杰、彭颂恩等。

第二章　地层堆积

　　四宜路、蔡官巷和清波街一带一直都是杭州的老城区，房屋建筑比较密集，整个遗址上部的地层扰乱比较厉害，层位堆积比较零乱，同时，考虑到遗址的完整性和将来开放展示的需要，对建筑遗址下的文化层没有做进一步的发掘。

　　所发现的建筑遗址上叠压有 4 个文化层。第 1、2 层堆积在整个发掘区都有分布；第 3 层堆积主要分布在建筑遗址上的东部、南部和中部区域，西部和北部较少分布；第 4 层堆积主要分布在建筑遗址上的中、南部区域，其他区域较少分布或无该层堆积。水池和水井分别是被第 4 层堆积和第 2 层堆积所叠压。

　　以 T1、T6 东壁和 T1 北壁为例说明如下：

1. T1 东壁

　　第 1 层　土色灰黑，为近现代建筑垃圾堆积，包含物很少。厚约 0.1-0.6 米。

　　第 2 层　土色灰褐，有大量砖块瓦砾。距地表深 0.1-0.6 米，厚 0.45-2.15 米。包含物以青花瓷片为主，见有清代铜钱。

　　第 3 层　土色黄褐。距地表 0.75-1.95 米，厚 0-1.15 米。包含物以建筑构件、龙泉窑青瓷瓷片为主。

　　第 4 层　土色浅红，有大量被火的砖块瓦砾。距地表 1.55-2.05 米，厚 0-0.55 米。该层应为建筑物倒塌后的堆积，包含物有越窑、龙泉窑、南宋官窑的青瓷瓷片以及瓦当等建筑构件。

　　第 4 层下为建筑遗址。（图六，1）

2. T1 北壁

　　第 1 层　土色灰黑，为近现代建筑垃圾堆积，包含物很少。厚约 0.1-0.6 米。

　　第 2 层　土色灰褐，有大量砖块瓦砾。距地表 0.1-0.6 米，厚 0.2-1.45 米。包含物以青花瓷片为主。

　　第 3 层　土色黄褐。距地表 0.4-1.6 米，厚 0-1.1 米。包含物以建筑构件、龙泉青瓷瓷片为主。

　　第 3 层下为建筑遗址。（图六，2）

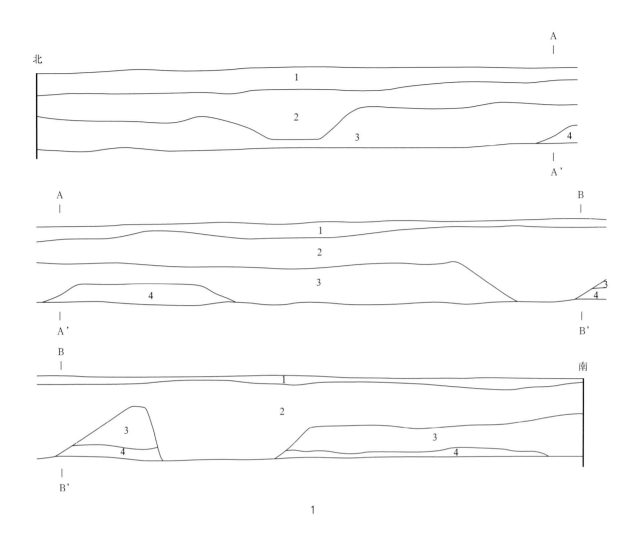

1

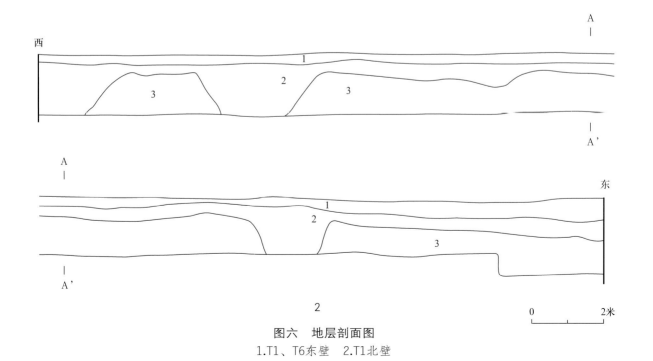

2

图六 地层剖面图
1.T1、T6东壁 2.T1北壁

第三章　主要建筑遗迹

经过发掘的遗址南北长 42.7 米，东西宽 29.6 米，面积 1260 余平方米。发现清理的主要遗迹包括：房屋基址 F1、F2、F3、F4、F5，庭院，夹道 JD1、JD2、JD3，水井 SJ 等[①]。（图七；彩版一；彩版二，1）

F1、F2、F3、F4、F5 均建筑在夯土台基上，其中 F1、F2、F3 和 F4 的台基连成回字形，围合成一个相对封闭的长方形庭院，并各有伸向庭院的踏道。F1 位于庭院的南端，F4 位于庭院的北端，F2、F3 分别位于庭院的东西两侧。F5 位于 F1 的南侧偏东。

庭院内现存水池（SC）、假山、散水、条砖墁地等遗迹。

JD1 位于回字形台基的东侧；JD2 位于 F1 与 F5 之间；JD3 位于 F5 的东侧。SJ 位于 JD1 的北部。

第一节　回字形台基上的建筑遗迹

回字形台基保存较好，台心系用黄黏土夹杂小石块、瓦砾夯筑而成，周边用砖石包砌成台壁。靠近庭院侧各有一上下台基的踏道。（图七）

一　F1

位于庭院南部，西面一部分压在蔡官巷下未清理，大部分区域叠压在第 4 层堆积下，少部分被第 2、第 3 层堆积所叠压。

台基平面呈凸字形，北部正中有伸向庭院的踏道。建筑上部已破坏殆尽，台基上存柱础石和柱础坑、墁地等遗迹（图七；彩版二，2；彩版三）。为便于叙述，将 F1 分成南北两个部分介绍。

（一）南部

以 F1 台基东北角现存角柱石的北侧面为界，以南为 F1 的南部。

---

① 不包括T2清理出的遗迹。T2清理出的建筑遗迹仅残存几段石砌墙和面积很小的砖铺地面遗迹，叠压在第2层下，打破第3层，保存很差，性质无法判断，与T1、T6内的建筑遗迹之间亦无关联，本报告不予介绍。

1.台基

已清理部分东西长 27.5 米，南北宽 11.7 米，比 JD1、JD2 的墁地高出约 0.75 米（从台壁侧面与夹道地面交接点起算，下同）、比庭院墁地高出约 0.65 米（从台壁侧面与庭院地面交接点起算，下同）。

除与 F2、F3 台基联成一体的地方，F1 台基四周原应全部有台壁。台基北侧与 F2 台基之间的台壁现保存完好，东西长 1.6 米（彩版四，1）；台基东侧台壁保存基本完整，南北长 11.7 米（彩版四，2；彩版五，1）；台基南侧台壁东端保存亦较好，东西长 6.4 米（彩版五，2）。四周台壁的包砌厚度在 0.25−0.3 米之间，高度为 0.6 米，用 14 皮砖包砌。

台基周边台壁的包砌方式相同。包砖分内外两层，内层台壁包砖既有顺砌，也有丁砌，丁砌砖深入到台心中，与台心紧密咬合，顺砌和丁砌之间没有明显的规律可寻，加之所用砖规格不太一致，显得较为零乱。外层用条砖错缝平砌而成，砖的规格比较一致，除最上一层个别地方有丁砌，基本都采用满顺的砌法，砌筑十分规整，外层台壁逐层收分。南北两侧台壁外层所用条砖的规格为 29×12×4 厘米，东侧台壁外层所用条砖的规格为 29×10×4 厘米；四周台壁内层所用砖既有规格为 29×12×4、29×10×4 厘米的条砖，也有规格为 35×15×4 厘米的长方砖，还有断砖。（彩版四；彩版五，1）

台基的东北角和东南角各存一角柱，角柱位于台壁的交接处，与台壁紧密连在一起（彩版四，2；彩版五；彩版六，1）。在东北角的角柱之上尚存有一角石。角柱和角石的石料均为水成岩质，灰白色。角柱的横截面呈正方形，边长 32 厘米，高 60 厘米。角石的横截面亦呈正方形，边长 55 厘米，厚 15 厘米。角石西北角上凿有一卯口，平面略呈方形，边长 5 厘米，深约 2 厘米（彩版六，1）。据上推测台基其余各角都应有角柱和角石。

在台基东侧台壁之上存压阑石，与台基东北角的角石相连，宽度基本与台壁相同，水成岩质，灰白色，横截面呈长方形，长 75、宽 27、厚 15 厘米，是台基仅存的一块压阑石。据此推测台基周边台壁之上均应同样有压阑石。（彩版六，1）

2.柱网结构

台基已发掘部分发现有 11 块柱础石和 8 个柱础坑。柱础石和柱础坑平面均近方形，柱础石置于柱础坑中，柱础坑深约 25 厘米[①]。柱础石为水成岩质，灰白色，大小略有差别，保存完整者有 95×86×35、83×80×35 厘米两种规格，表面打磨平整。柱础石比砖铺地面高出 5 厘米，周边的铺地方砖经过切削修整，与柱础石严密合缝。根据柱础石和柱础坑的排列，可确定面宽为七间，进深为三间，其中西尽间绝大部分未揭露。（彩版二，2；彩版三；彩版六，2）

当心间面阔 4.77 米。心间两侧南起第一柱各存一柱础坑，规格分别为 90×80、95×90 厘米，深均约 25 厘米；南起第四柱各存有一柱础石，西侧一块较完整、规格为 95×85×35 厘米，东侧一块稍残、为 80×76×35 厘米。

东西次间面阔 4.12 米。东次间东侧现存四个柱础坑，柱础石均无存，柱础坑规格南起

[①] 因对柱础坑未做解剖，柱础下是否有磉墩及其构筑方式均不明。在杭州市文物考古所2000年对德寿宫遗址的发掘中，见其磉墩是在夯土台上挖坑，坑中填黄黏土和碎石块瓦砾，逐层夯筑而成。

依次为 90×85、80×75、85×75、80×75 厘米，深度均 25 厘米。西次间西侧的柱础石保存较好，其中南起第一柱、第三柱、第四柱的栏础石保存完好，规格约为 95×85×35 厘米；南起第二柱的柱础石稍残，80×75×35 厘米。

东西梢间面阔 4.45 米。东梢间东侧存两个柱础坑，南起第一柱柱础坑长约 85、宽约 80、深约 25 厘米；南起第四柱柱础坑长约 80、宽约 80、深约 25 厘米；南起第四柱的柱础石大半残，83×50×35 厘米，移位比较明显。西梢间西侧存两块柱础石，其中南起第四柱的柱础石保存完好，规格为 95×86×35 厘米；南起第一柱的柱础石稍残，85×76×35 厘米。

东尽间面阔 4.1 米。东侧南起第二柱和第四柱各存一柱础石，保存完好，规格均为 83×80×35 厘米。

根据南起第四柱现存柱础石和柱础坑的分布情况，通面阔应为 30.1 米（包括西尽间），另据西次间西侧保存完整的柱础石南北向间距，第一进、第二进和第三进的进深依次约为 3.15、3.23、3.18 米（前后柱础石中心间距），通进深 9.56 米。

从地面铺砖的保存情况和柱网结构分析，F1 的建筑采取了减柱造，即当心间与东、西次间之间减杀了中间的 4 个柱子，使中间厅堂的面积达到了 124.38 平方米。

3.墁地

地面用方砖细墁，大部分保存完好，西半部部分砖面有明显被火痕迹。砖的排列采用了方砖十字缝的形式，东西向直铺，南北向错缝直铺，砖之间的缝隙很细。方砖经过打磨，棱角完整平直，素面，表面平整光洁。方砖尺寸统一，规格为 34×34×4 厘米。（彩版七）

（二） 北部

以 F1 台基东北角现存角柱石的北侧面为界，以北为 F1 的北部。

整体保存较差，尚存台基、墁地等。（图七；彩版三、八）

1.台基

靠近南部台基部分保存尚好，其余仅在东北角和北侧的西半部有部分保存。东西长 14.3 米，南北宽 4.55 米（北侧台壁至南部台基距离），与南部台基高度一致。

东、西和北侧各有残存的包砖台壁。东侧一段南北长 3.27 米，最高处残存 5 层砖，残高 0.22 米。北侧残存两段，以东段保存较好，东西残长 5.65 米，最高处残存 9 层砖，残高 0.4 米；西段保存较差，东西残长 1.75 米，最高处残存 5 层砖，残高 0.22 米。西侧保存更差，仅在中部保存一小段，南北残长 0.35 米，最高处残存 3 层砖，残高 0.15 米。

台壁包砌方式、宽度与南部台基台壁基本相同，只是外层所用条砖的宽度略有不同，所用砖的规格为 29×8×4 厘米。

台基东北角残存一角柱，角柱与台壁紧密连在一起。角柱石料为水成岩质，灰白色，横截面呈长方形，截面边长 35×30 厘米，残高 17 厘米。推测西北角也应有石质角柱。比照南部台基的做法，周边台壁之上亦似应有压阑石。

在台基北侧台壁与踏道东侧垂带石上端交接处稍偏东、台基外层台壁的内侧残存部分，埋置一石柱。石柱为红砂岩质，上部残断横截面为长方形，长 25、宽 20 厘米，残高 48 厘米（以庭院夯土地面起算）。从台基破损部位观察，石柱埋置在台基夯土里，因未解剖，台心下的埋置深度不明；又因其上部残断，亦不清楚其原来是否出露于台基面上。（彩版八）

2.墁地

破坏严重，仅在南部有少量保存。地面墁地方法和砖的规格与南部台基墁地相同，与南部台基的细墁地面连成了一个有机整体，在平面上没有明显的分隔标志。

（三）踏道

位于 F1 台基北侧正中的庭院地面之上，距北部台基东西两侧台壁各约 4.9 米，为石制垂带踏道，石料为水成岩质，灰白色。该踏道保存很差，仅存下阶石、最下一级的中阶石和东西平头土衬石最前端的两块石条，平头土衬石和下阶石两端共用石条。下阶石保存完好，外侧距北部台壁约 1.65 米，略高出庭院砖铺地面 5 厘米；总长 3.65 米，由 5 块条石组成，条石磨制规整，长度自西向东依次约为 70、75、95、80、45 厘米，各条石的宽度和厚度一致，均宽 45、厚 10 厘米。东、西两侧平头土衬石的位置与当心间的两个柱础石基本相对应，靠近台基的部分已破坏无存；平头土衬石上凿有两垂带窝，垂带窝的尺寸基本一致，规格约为 55×45×10 厘米。垂带石无存。最下一级的中阶石残存两段石条，残长 105 厘米，宽 45、厚 10 厘米。因中阶石位置移动过，中阶石和下阶石之间的叠压尺寸已不可考。（图七；彩版九；参见图一三）

二　F2、F3

F2、F3 位于庭院的东、西两侧，呈对称分布。F2 台基已全部清理，F3 西半部分压在蔡官巷下，未清理。大多区域叠压在第 3、4 层堆积下，少部分区域被第 2 层堆积叠压。建筑上部已破坏殆尽，台基偏南端各有伸向庭院的踏道，台基上存柱础石和柱础坑、墁地等。（彩版一〇）

1.台基

（1）F2 台基

位于庭院的东侧，与 F1 台基和 F4 台基连为一体，东侧台壁较 F1 台基东侧台壁西移约 0.3 米，西侧台壁与 F1 北部台基东侧台壁相距约 1.4 米。南北长 26.65 米，东西宽 7.25 米，比 F1 台基低 0.1 米，东侧高出夹道墁地 0.65 米，西侧高出庭院墁地约 0.55 米。（图七；彩版一〇，1）

东西两侧全部用砖包砌台壁，两侧各宽 0.3 米。包砖也分内外两层，包砌方法与 F1 相同。东侧台壁大体保存较好，共残存 3 段，自南向北依次长 1.66、4.26、11.45 米，最南端一段最高处残存 13 皮砖；西侧台壁保存情况一般，共残存 4 段，自南向北依次长 0.22、6.9、2.55、5.4 米，其中第二、第四段最高处残存有 11 皮砖。内外两层墙体所用砖规格一样，都是 30×15×5 厘米的长方砖。

F2 台基北端下置一与庭院内散水连通的排水暗沟。（参见图一二、彩版一五）

（2）F3台基

位于庭院的西侧，与F1台基和F4台基连为一体，南端与F1台基连接处破坏严重。东侧台壁距F1北部台基西侧台壁约1.4米，南北长26.65米，已清理部分东西宽3.1米，较F1台基低0.1米，东侧比庭院地面高出约0.53米。（图七；彩版一〇，2）

西侧台壁未清理，其结构和保存情况不明。东侧台壁南端残。台壁的包砌方式和用砖规格与F2相同，尚存3段，自南向北依次残长约1.2、8.75、6.7米。其中第2、第3段保存较好，第2段最高处残存10皮砖，残高0.5米，第三段最高处残存有9皮砖，残高0.45米。

2.柱网结构

在F2台基上清理出2个柱础石和6个柱础坑，在F3台基上仅清理出2块柱础石，柱础石、柱础坑距同侧台壁约0.33米，平面均近方形，柱础石置于柱础坑中，柱础坑深约15厘米。柱础石均水成岩质，灰白色，其中3块完整，1块稍残，规格均为55×50×20厘米。柱础石与砖面平，周边的铺地砖经过切削修整，二者结合紧密。

3.墁地

F2、F3地面为方砖细墁，也按方砖十字缝的方式排列，营造方式与F1墁地相同。除F3台基北端保存较好外，其他地方保存都比较差。墁地方砖的排列为南北向直铺，东西向错缝。方砖规格较F1铺地方砖略小，为30×30×4厘米，素面。

4.台基踏道

F2、F3台基伸向庭院的踏道均为砖石混砌踏道。（彩版一一、一二、一三）

（1）F2台基踏道

距F2台基南端约8.05米。破坏严重，南侧象眼和下阶石各残存一部分，象眼下的平头土衬保存较好，象眼内侧靠近台基台壁处尚存部分夯土台阶基础。（彩版一一、一二）

南侧象眼靠近台基处保存相对较好，用28×8×4厘米的条砖顺砌，残存9皮砖，残高约0.46米（平头土衬砖之上），残宽约0.08米。南侧平头土衬分砖作和石作两段，象眼下的为砖作，前端保存较差，长约0.9米，比象眼向外侧突出约4厘米，比庭院砖铺地面高出约4厘米，也用28×8×4厘米的条砖砌筑；最前端与下阶石相连的部分为石作，石料为水成岩质，灰白色，长25、宽20、厚10厘米。（彩版一二，1）

残存的阶石长135、宽20、厚10厘米，水成岩质，灰白色。根据下阶石破坏后留存的痕迹，整个下阶石（包括前端平头土衬石）的长约为1.45米，下阶石外侧距台基约1.15米。（彩版一一，2）

（2）F3台基踏道

距F3台基南端约8.05米。尚存两侧的象眼、平头土衬以及促面、踏等，比F2台基踏道保存稍好。（图八；彩版一二，2；彩版一三）

南侧象眼砌筑规整，东西向顺砌四排砖，宽0.26米，最外侧一排残存5皮砖，残高0.3米（包括平头土衬）。北侧象眼最外侧的一排砖为东西向顺砌，内侧的砌法有顺砌，也有丁砌，砌法虽不一致，但整个象眼也比较规整，宽0.24米，最外侧一排残存

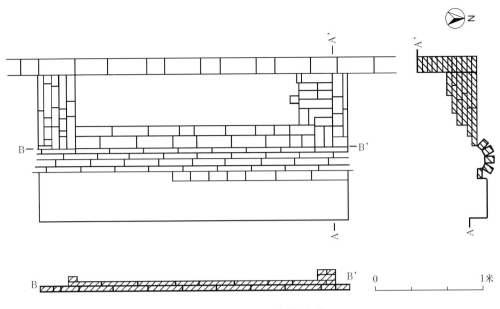

图八　F3台基踏道

6 皮砖,残高 0.28 米(包括平头土衬)。两侧象眼下的平头土衬比象眼向外侧突出约 4-5 厘米,前端无存,北侧的东西残长约 0.84 米,南侧的东西残长约 0.58 米。残存遗迹尚能分辨出两级促面,自下而上第一个促面仅存庭院墁地上一皮砖,残长约 1.1 米(两侧象眼内侧之距,下同),残高 4 厘米;第二个促面由两排砖南北向顺砌而成,残存两皮砖,长 1.98 米,残高 8 厘米。所用砖均为 28×8×4 厘米的条砖。

根据下阶石和平头土衬石破坏后留存的痕迹,下阶石和平头土衬石的南北长约为 2.48 米,东西宽约为 0.32 米,下阶石外侧距台基约 1.16 米。(图八;彩版一二,2)

据现存遗迹现象分析,F2、F3 台基踏道的营造方式相同,均为:庭院地面嵌置下阶石和平头土衬石→墁地上用黄黏土夯筑台阶基础→基础两侧用砖作象眼和象眼下的平头土衬→促面和踏用砖包砌。

三　F4

F4 位于庭院的北侧,西面一部分和北半部的台基均未清理,大部分区域被第 3 层堆积叠压,少部分区域叠压在第 2 层堆积下。建筑上部已破坏殆尽,台基南侧正中有伸向庭院的石踏道,台基上面破坏严重,未见柱础石、柱础坑,仅清理出一小片方砖墁地等。(图七;彩版一四、一五)

1. 台基

与 F2、F3 台基等高,已清理部分东西长 27.5、南北宽 2.85 米,东侧高出夹道墁地 0.65 米,南侧高出庭院墁地约 0.55 米。

F4 台基东侧的台壁被破坏。南侧的台壁在踏道以东尚存两段,有一小段保存完好,由 12 皮条砖错缝包砌而成,营造方式、用材与 F2、F3 台基台壁相同。

台壁上尚存部分压阑石,一段与踏道的上阶石相连,另一段残长 1.26、残宽 0.3、厚 0.12 米,上凿有一卯口。卯口平面略呈方形,边长约 5 厘米,深约 2 厘米。

2.墁地

地面方砖细墁，也按方砖十字缝的方式排列，营造方式、墁地方砖的排列方向与 F1 台基墁地相同。方砖规格为 30×30×4 厘米，素面。

3.踏道

距 F2、F3 台基内侧台壁各约 7.25 米，与 F1 台基踏道南北相对。为垂带踏道，全部用条石垒砌而成，条石磨制规整，水成岩质，灰白色。保存较好，尚存平头土衬、台阶、象眼和垂带等①。（图九；彩版一四；彩版一五）

东、西侧的平头土衬都用条石砌筑，保存比较完整，比庭院墁地略高。平头土衬石由两部分组成，外侧用三块条石侧砌，内侧用条石平铺。外侧总长 1.24 米，条石长度依次为 46、40、38 厘米，宽度均为 7 厘米，厚度均为 12 厘米。内侧平头土衬石最前端与下阶石共用条石。平头土衬石的露明部位宽约 5 厘米。

台阶共有 5 级（包括压阑石），宽度自下而上依次为 0.36、0.3、0.28、0.29、0.51 米。下阶石比庭院墁地略高，由三块条石组成，宽 46、高 12 厘米，东、西两端的条石与平头土衬石共用，垂带石之间长约 1.98 米。中阶石共有两级，下面一级保存完整，由两块条石组成，宽 48、高 12 厘米，置于下阶石和夯土基础上，叠压下阶石约 10 厘米；上面一级仅存靠西侧的一块条石，长 108、宽 28、高 14 厘米，置于下一级中阶石和夯土之上，叠压下一级中阶石约 18 厘米。上阶石也仅存靠西侧的一块条石，长 84、宽 29、高 14 厘米，移位明显。最上一级台阶为压阑石，仅存一块条石，长 94、宽 51、高 16 厘米。

东侧象眼石除垂带石与平头土衬石的夹角部位保存完整外，其余部位均残破，夹角约为 26.5°，水平直角边残长约 40 厘米，斜边残长约 20 厘米。西侧象眼保存完整，用一整

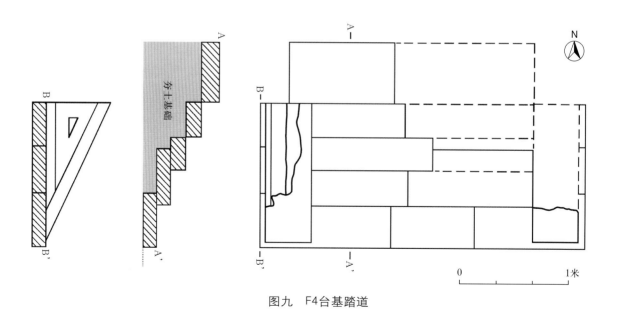

图九　F4 台基踏道

---

① 因踏道整体保存较好，为保存遗迹，对踏道的地基部分未作发掘解剖，其下的地基营造方式不明。考之 F1 台基踏道地基营造方式，应为先在庭院夯土地面之上用条砖墁地，墁地的东、西两侧砌石条，南侧直接埋置下阶石。踏道庭院墁地之上部分的营造方式为在墁地上用夹杂砖石瓦砾的黄黏土夯筑成踏道形状，其上置阶石，然后两侧安砌象眼石，最后安砌垂带石。踏道与台基之间没有使用陡板石。

块石头打磨而成，侧视呈直角三角形状，水平直角边长 93 厘米，垂直直角边长 46 厘米，较平头土衬石向内缩进约 6 厘米。距平头土衬石高约 8 厘米处又向内缩进约 3 厘米，在象眼石的下部形成一个高约 8、宽约 3 厘米的台阶。距象眼石垂直直角边 13 厘米、水平直角边 20 厘米处凿有一个直角三角形状的凹槽，该三角形的垂直直角边边长约 8 厘米，水平直角边长约 17 厘米，比周边凹进约 2 厘米。（彩版一五）

东、西两侧的垂带石保存都比较差，东侧的仅存平头土衬石上的一小部分。西侧虽也比较残破，但基本可以看出原貌，用一整块石条磨制而成，长 1.35、宽 0.41 米，斜度约为 26.5°，最上端与平头土衬石垂直距离约 0.59 米。从现存遗迹情况分析，垂带石安砌方式应为先于平头土衬石上凿出垂带窝，再把磨制好的垂带石斜置于平头土衬石和象眼石之上。

根据回字形台基的遗迹保存情况，对 F1、F2、F3、F4 的性质作简要推断：

F1 位于这组建筑南部，台基东西长约 32.3 米、南北宽约 16.25 米，分合宋制约 10 丈 4 尺 5 寸、5 丈 2 尺 7 寸[①]；柱网分布显示其为七开间建筑，当心间面阔 4.77 米；厅堂使用减柱造，面积达 124.38 平方米；台基高度比 F2、F3、F4 台基高出约 0.1 米；踏道为石制。其北部凸出部分台基，高度与南部台基一致，墁地与南部台基墁地也没有明显分隔，显示其为一整体，虽因已残毁，不能判断其上有无柱础，但其台基形制明显在这组建筑中最为复杂，且与 F4 南北对峙位于院落中轴线上，应是这组建筑的主体建筑。从其特殊的台基形制推测其或为与《悬圃春深图》[②]所示凸出台基上的建筑相类似的一座建筑。

F4 位于这组建筑的北部；台基上的柱础石和柱础坑均已无存，开间情况不明；台基高度较 F1 的低、与 F2、F3 的相同；其踏道亦为石制，尺寸却小于 F1，与 F2、F3 踏道大小相当；从布局看，F4 位于中轴线，与 F1 南北相对，应是比 F1 等级稍低的主体建筑。

F2、F3 位于这组建筑的东西两侧；台基南北长 26.65 米，东西宽 7.25 米；据其柱网分布与踏道位置，推测其亦为七开间，中部 5 间的面阔均约为 4.2 米，末端两间面阔各约 2.8 米；进深达 5.85 米；踏道为砖石混砌；台基比 F1 台基低 0.1 米。应是等级较 F1、F2 低的庭院廊庑建筑。其建筑形式或亦与《悬圃春深图》所示主体建筑一侧的建筑相仿佛。

第二节　庭院遗迹

庭院是由 F1、F2、F3、F4 环绕而成的封闭式庭院，大多区域被第 4 层堆积叠压，少部分区域叠压在第 2、第 3 层堆积下。庭院地面低于周边台基 0.6 米左右，南北长

---

① 以宋营造尺每尺 30.91 厘米计。
② 上海博物馆《宋人画册》三十七《悬圃春深图》，上海人民美术出版社，1979 年版。

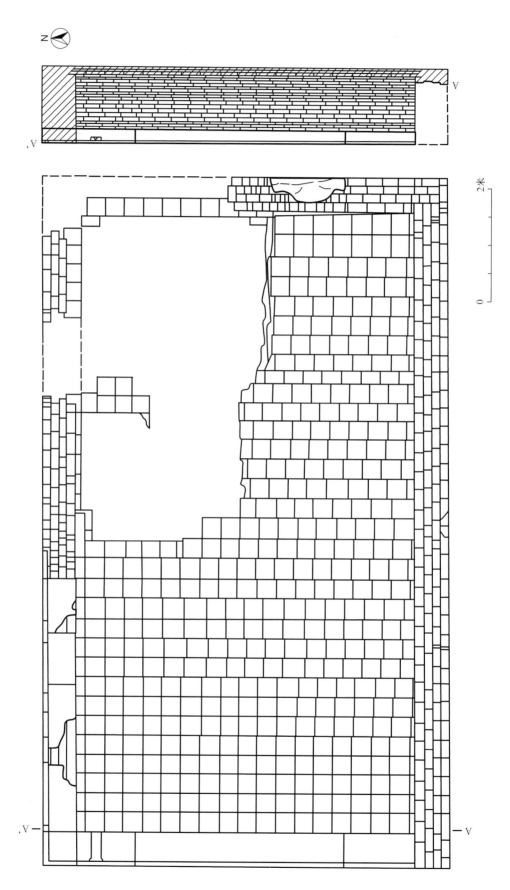

图一〇 水池平剖图
（剖视图砖为示意）

26.65 米，东西宽 17.2 米，面积约 400 平方米。庭院中部有水池，水池与 F4 之间有假山，地面铺砖。（图七；彩版一六）

一 庭院地基

地面营造十分规整，为保持遗迹的完整性，未对庭院的地基进行发掘解剖，其厚度不明。从水池池壁看，庭院地基系用黄黏土夹杂砖石瓦砾夯筑而成。

二 水池（SC）

位于庭院中部，被第 4 层堆积叠压，水池内的堆积中包含有较多的假山石。距 F1、F4 踏道下阶石均 5.8 米，距 F2、F3 台基均 2.48 米。平面呈长方形，外缘东西长 12.48、南北宽 7.4 米，高出庭院墁地约 5 厘米，内缘东西长 11.2、南北宽 6.25、深 1.2 米。根据现存遗迹现象推断，水池的营造步骤大致应为：夯筑庭院地基→在庭院的夯土台基中挖一方形池子→在池子四周各砌筑两排池壁→在池底铺设一层地砖→在已砌好的池壁内侧再砌筑两排池壁→在已铺好的地砖上再铺设二层地砖，并安置压阑石、突棱等。池壁转角处采取交互叠压的砌筑方式，内侧池壁又叠压住最下一层铺地砖，且四周池壁和铺地砖的缝隙之间全部用料浆石末和江米汁勾缝填充，砖与砖之间严密合缝。（图七、一○；彩版一七、一八、一九、二○、二一、二二、二三）

1.池壁

用砖石砌筑而成。下部用规格为 30×16×5 厘米的长方砖错缝平砌而成；上部铺设压阑石，石料均为水成岩质，灰白色，宽度和下部砖砌池壁的宽度一致。

西侧池壁保存基本完整，高度为 1.4 米。下部砖壁为满顺法砌筑，南北向平铺，上下错缝。东西向有 4 排砖，宽度为 0.63 米，其中外侧 3 排有 20 皮砖，高度为 1.13 米，最内侧 1 排有 19 皮砖，高度为 1.07 米。上部压阑石厚度为 25 厘米，宽度为 63 厘米，高出外侧砖铺地面 5 厘米。西侧池壁上部的压阑石现存四块条石（包括最北侧转角处的一块），自南向北依次长 130、385、110、65 厘米，每块压阑石磨制都十分平整，并在其外侧凿磨出一道突棱，突棱高约 4、宽 11 厘米。南起第三块压阑石上凿有一溢水槽，长 51 厘米，立面呈倒"凸"字形，上半部宽 19、深 3 厘米，下半部宽 16、深 3 厘米，突棱下和水槽相连处有一溢水孔，内侧孔径约 5 厘米，外侧孔径约 12 厘米，孔长 14 厘米。溢水槽的上半部原应有一盖板，使池顶端保持平整，盖板现已无存（图一一）。位于水池西北角转角处的第

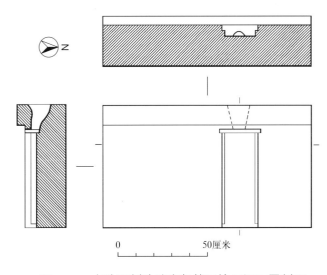

图一一 水池西侧池壁南起第三块压阑石平剖图

四块压阑石平面略呈正方形，西侧和北侧都凿磨有突棱。（图七；彩版二○、二一）

北侧池壁的西半部保存较好，东半部基本被破坏，保存完整部位东西残长 4.55 米。营造方式、用材、高度、宽度与西侧池壁一样：下部砖壁为满顺法砌筑，东西向平铺，上下错缝。外侧 3 排有 22 皮砖，高度为 1.23 米；最内侧 1 排有 20 皮砖，高度为 1.17 米，砖砌部位比西侧的多 2 皮砖。上部压阑石厚度为 11 厘米，宽度均为 52 厘米。现存三块条石，自西向东依次长 265、95、97 厘米，其中第一、第三块残破，第二块完整，压阑石磨制也十分平整。压阑石外侧突棱的作法不同于西侧池壁，是在压阑石外侧用窄条石铺砌而成，残长 504、宽 11 厘米。该处突棱原应与西侧池壁压阑石上的突棱处在同一个平面上。但因地基沉降，突棱现仅比压阑石顶端高出约 2 厘米，比外侧庭院夯土地面高出约 3 厘米。（彩版二二，1、2）

东侧池壁南半部有部分保存，北半部被破坏殆尽，南北残长 4 米（包括最南端与南侧池壁交接处）。营造方式、用材、高度、宽度与西侧池壁基本一样：砖砌部位亦主要为满顺砌法（从破损处偶见有丁砌砖），南北向平铺，上下错缝，与南侧池壁的转角处为相互交叉的砌法；上部残存一块压阑石，残长 140、残宽 46 厘米。压阑石残破，突棱不明。（彩版一八，1；彩版二二，3）

南侧池壁的上半部已破坏殆尽，靠近池底的砖砌池壁保存较好，最高处残存 5 皮砖，砌筑方式亦为满顺砌法，东西向平铺，上下错缝，与南侧和西侧池壁的转角处也为相互交叉的砌法。（彩版二二，4）

2. 池底

水池底部基础用黄黏土夯筑，十分平整。池底用与 F1 墁地同样的规格素面方砖细墁，方砖周边平整，灰缝十分细小。铺地砖南北向直铺，共有 3 皮，厚约 0.15 米。铺砌方式略有不同，靠近东、西侧池壁处为砖缝对齐，最上一皮的中部为东西向错缝。最下一皮的铺地砖周边延伸到四周池壁之下，被池壁最内侧一排砖壁叠压，叠压部位的宽度约为 0.16 米。（图一○；彩版二三，1）

三　假山基址

在庭院水池和 F4 台基之间的庭院地面上、水池内出土了大量的假山石（彩版二三，2；彩版二四），所出假山石大小不等，大者重达千余斤，小者仅有几十斤重，形态各异。石料均为灰白色水成岩质石块，石块上多自然孔窍，应是太湖石。因出土假山石的数量较大，并在庭院东北角的假山脚上清理出了砖砌登山踏道遗迹，在庭院北侧的中部和西北侧清理出了山洞遗迹，故知庭院地面和水池内出土的假山石不是作为置石之用，而是用来垒砌假山的。

假山基址位于庭院最北侧，大多被第 3 层堆积叠压，少部分叠压在第 2 层堆积下。东、西、北三面靠近 F2、F3、F4 台基，南面紧临水池的北池壁，外围距周边台基 0.8—1.1 米，占地面积 100 余平方米。发掘时已全部坍塌，脱离了原位，除庭院地面上用作叠砌假山脚的假山石外，水池内出土的假山石及庭院北部地面上其他的假山石，均应是假山坍塌后散落的。庭院地面上现存四处假山脚，分别位于庭院的东北、西北角和庭院北部正中稍偏西。

其叠砌方式应为先在庭院的夯筑地面上垒出假山脚，以假山脚为基础逐层叠砌，混用土、石、砖等材料，为土石混合山的一种。（图七；彩版二五、二六）

在假山基址范围内现存两处假山山洞遗址，仅存部分假山基础和山洞地面上的砖砌通道遗迹。一处位于庭院北部正中北偏西处，通道方向略呈东南—西北向，用规格为29×8×4厘米的条砖竖砌，宽处有4排砖，窄处仅有2排砖，通道两侧用同规格条砖侧砌包边，通道墁地花纹呈柳叶人字形。东南端保存完整，两侧包边紧靠假山山脚石，最前端呈"∧"形，一边长约0.5米，一边长约0.6米。现存通道残长约2米，宽0.5—1.05米不等。另一处山洞遗迹位于庭院的西北角，通道方向略呈东北－西南向，残长约3.05米。路面也用同前规格的条砖竖砌，无侧砌包边。路面的竖砌砖都直接紧靠在通道两侧的假山山脚石。通道墁地花纹亦呈柳叶人字形。西南端保存完整，与庭院内的散水连成一体，端头的竖砌砖或与散水方向垂直、或与散水方向平行，端头线平直，由7排砖组成，宽度约2.1米。

在假山基址范围内现存一处登山踏道，位于假山东北角的假山基础之上。其营造方式为以假山的叠石为基础，首先用黄黏土铺平叠石的表面，再于取平的黄黏土上铺砖。现存三阶台阶，残斜长0.8米，宽约0.15米，所用砖为规格30×15×5厘米的长方砖，也就是砖的宽度和踏道的宽度相同。

四　庭院排水设施

庭院排水设施由庭院四周的4条砖砌散水和F2台基下的排水暗沟（彩版二七，1）组成。4条散水两两丁字形交叉（仅北侧散水与西侧散水为直角交叉），与F2台基下的排水暗沟相连。四条散水的营造方式相同，用5排砖与散水同向错缝竖砌而成，竖砌的砖下半部埋置在庭院地面之下，埋置深度从两侧向中间依次加深，使散水底部呈弧形，口部宽约20厘米，最深处约6厘米。所用砖均为30×8×4厘米的条砖。在营造庭院地基和墁地时，在庭院的不同区域沿散水向两侧依次递增形成一定的坡度，庭院内的积水沿斜坡汇集到散水中，然后通过散水流入F2台基下的排水暗沟中，再排出庭院外。（图七）

1.东、西侧散水

南北向，长25.2米，上口宽20厘米，深6厘米，底部呈弧形。在F2、F3的台基踏道下为暗沟（彩版二七，2），与南、北侧散水丁字形连接。散水距F2、F3台基内侧均约0.65米，F1北部台基与F2、F3台基之间的散水距F1北部台基两侧均约0.6米。（图七）

2.南侧散水

总体呈东西向，中间沿F1台基踏道曲折。两端与东、西侧散水丁字形连接贯通，均长约5.5米，南距F1北部台基约1.05米。踏道处散水东西两侧各长约0.7米；中间部分长约4.9米，营造方式与其他部位的散水略有不同，为三排竖砌砖砌筑成弧形底部，上口宽约0.12米。（图七）

3.北侧散水

东西向，用材和砌筑方式与东西侧散水一样，长17.2米（包括台基踏道的宽度）[①]，

[①] 因踏道沉降，从现存遗迹看，已较难分辨出散水是否从踏道下穿过形成了暗沟。

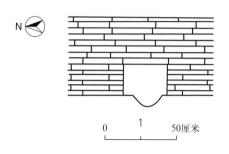
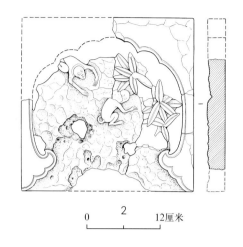

图一二　F2台基下排水暗沟及暗沟口部方砖
1. F2台基下排水暗沟　2. 暗沟口部的透雕方砖T1④：56

北侧距 F4 台基约 0.8 米。与西侧散水直角交叉，与东侧散水丁字形交叉，东端直通 F2 台基下的排水暗沟。（图七）

4. F2台基下排水暗沟

位于庭院东北角，用与台基台壁同规格的条砖砌筑。暗沟口呈长方形，南北长 30、高 21 厘米，北侧距 F4 台基约 0.74 米。暗沟口用透雕的方砖封堵。暗沟口底部有一弧形水沟和散水浑然成为一体，弧形水沟上口宽 20 厘米，深 8 厘米，比庭院散水低约 0.2 米[①]。（图一二，1；彩版二七，1）

排水暗沟的口部竖置一透雕方砖（T1 ④：56），左上角残缺。平面呈长方形。泥质陶，灰红色，质地略粗。砖面透雕一座假山，假山上雕松枝和两只猴子，上面的猴子从松间倒挂而下，下面的猴子蹲在山石之上，作回头状，两猴双目对视，上下呼应，一动一静，十分传神。边长 28.4×27.8、厚 3 厘米[②]。出土于排水暗沟洞口，当为封堵庭院向外排水时携带的杂物之用。（图一二，2）

五　庭院墁地

庭院地面用规格 30×8×5 厘米的条砖墁地。F1 北部台基北侧、F4 与假山之间的墁地保存较好。整个庭院墁地的做法都为细墁地面，砖的排列形式虽以柳叶人字纹为主，但因人字纹与人字纹之间在不同部位采用了不同的组合方式，庭院地面的纹样也展现出了变化多样的组合。（图七、一三、一四、一五　；彩版二七，2；彩版二八）

1. 南侧散水与水池南壁之间区域

墁地砖按正东西和正南北方向有规律地排列，垂直交叉成柳叶人字纹，人字纹走向分成东北－西南和东南－西北两种形式。多个柳叶人字纹再相互组合成大大小小的正方形图案，正方形之间相互交叉套合成整个墁地纹样。（图一三；彩版二七，2；彩版二八）

---

① 据排水暗沟并未穿过 F2 的台基通向庭院外的现象推测，该暗沟内应有一渗井，而庭院内的积水流入暗沟后，应通过渗井排出庭院。
② 透雕方砖残碎拼接，尺寸与实际可能有误差。

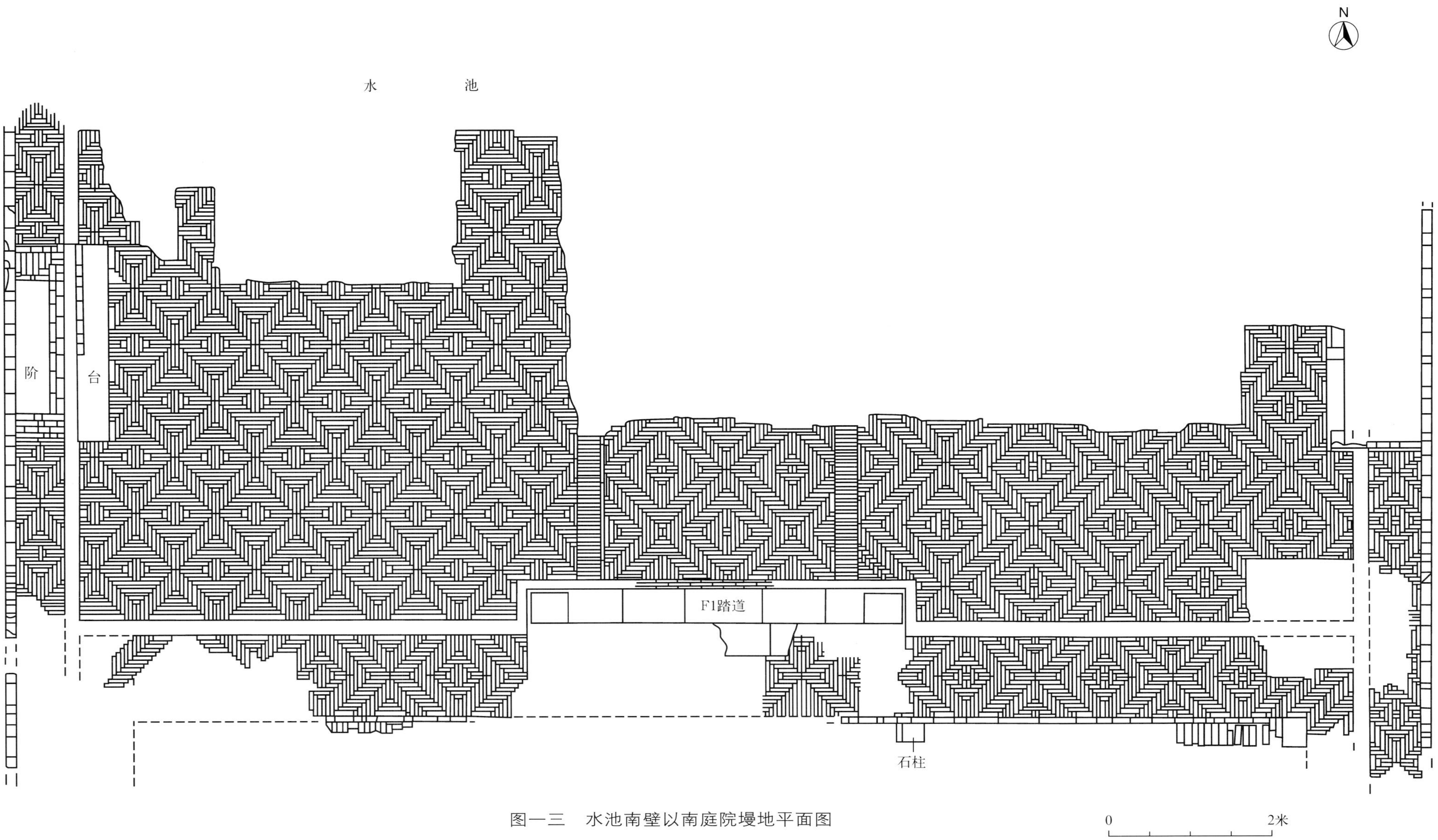

图一三　水池南壁以南庭院墁地平面图

水　池

台

阶

F1踏道

石柱

N

0 2米

F1踏道北侧的庭院地面有两列南北向侧砌砖，其南端紧靠F1北部台基北侧散水，宽0.3米，东边的残长2米，西边的残长1.9米。这两列侧砌砖将这一区域墁地分成了不相连贯的三个区块，以西边一排竖砌砖为界，两侧的墁地花纹呈现出不同形式。东侧的每个大的正方形内套有4个大小不同正方形：其中最内侧的正方形由2块条砖南北向平行竖砌而成，边长约为0.1米；其外侧的正方形用条砖垂直于内侧正方形的四边竖砌而成，边长约0.35米；再外侧的两个正方形都是用条砖按柳叶人字纹的排列形式组合而成，由内而外边长依次约0.7、1.1米；最外侧正方形也是用条砖按柳叶人字纹的排列形式组合而成，但因其边角与周边的大正方形边角互相交叉而显得不很完整，边长约1.5米。西侧的每个大的正方形内套有2个大小不同正方形：其中最内侧的正方形由6块条砖东西向平行竖砌而成，边长约0.25米；中间的正方形也是用条砖按柳叶人字纹的排列形式组合而成，边长约0.7米；最外侧正方形的纹样表现形式与排列方式与东侧最外侧正方形的一样，边长约1.1米。

墁地虽然都是用大小不同的正方形互相套连而成，但因正方形的大小不同，墁地花纹的组合形式在不同的区块呈现出了不同的样式。另外，这一区域的墁地花纹如果采取不同的视角观察，花纹还会呈现出不同的几何形状，主要有十字形、菱形、人字形和回字形等，每块墁地砖在不同的花纹组合中起到不同的作用，构思严谨巧妙。

2.南侧散水与F1北部台基之间区域

墁地砖的排列方式同南侧散水与水池南壁之间区域，组合纹饰以踏道为界分成东西两部分，每侧的组合纹饰与南侧散水与水池南壁之间对应区域相同。（图一三）

3.东侧散水与水池东壁之间区域。

墁地砖南北残长1.6米，东西宽1.65米，东侧紧靠散水、西侧紧靠水池的东壁。地面花纹与其他区域迥异，排列采用了直柳叶形式，东西向直砌、南北向错缝。（图一四，1）

4.西侧散水与水池西壁之间区域

墁地砖按正南北向和正东西向有规律的排列，垂直交叉成柳叶人字纹。人字纹走向分成两种：东半部呈东北－西南走向，西半部呈西北－东南走向，两种不同走向人字纹在中部交叉拼接，使该区域墁地成一个更大的人字纹。（图一四，2；彩版二八，2）

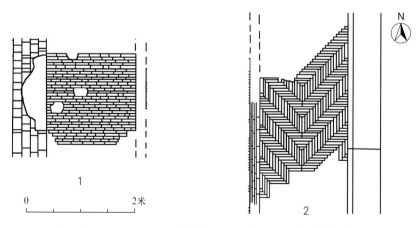

图一四　东西两侧散水与水池东西侧壁之间庭院墁地平面图
1.东侧　2.西侧

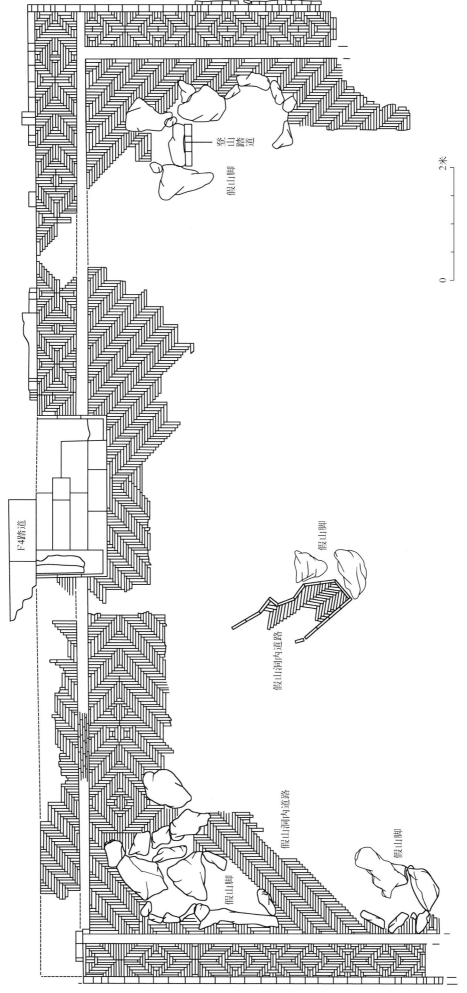

图一五 水池北壁以北区域庭院墁地平面图

登山踏道

假山脚

F4踏道

假山洞内道路

假山脚

假山洞内道路

假山脚

0 2米

N

5.东西侧散水与台基之间区域

墁地砖的排列形式与 F1 北部台基前墁地一样，主体排列方式也采用了两种走向的柳叶人字纹，再由柳叶人字纹组合成正方形图案套连而成，正方形图案比 F1 北部台基前的稍小。每 3 个正方形图案形成一组花纹，最外侧的正方形因被散水和台基阻隔，并和周边的图案共用边角而显得不完整。（图七）

6.北侧散水及假山基础周边区域

按墁地砖排列形式，以庭院南北中心线为界还可分为两个不同的区域，其中：中心线东侧的墁地花纹比较单一，墁地砖按正东西和正南北方向有规律竖砌排列，形成东南－西北向的柳叶人字纹。西侧的相对比较复杂，F3、F4 散水与假山基础之间的区域，墁地砖也按柳叶人字纹的纹样竖砌排列，人字纹呈东北－西南方向。假山基础和 F4 台基之间区域墁地砖的排列方式有三种，其中两种是按柳叶人字纹的纹样进行排列，但人字纹的走向不同，一种呈东北－西南走向，一种呈东南－西北走向，在中间拼接成更大的人字纹；另外一种排列方式采取了与 F1 北部台基前庭院地面墁地同样的方式，由柳叶人字纹组合成正方形，上述三种纹样在该区域相互交叉使用，墁地纹样在很小的范围内呈现了多种变化。（图一五）

第三节　F5

位于 F1 的东南侧，被第 4 层堆积叠压，大部分已被破坏，仅存部分夯土台基和一段东西向台壁，台心营造方式与回字形台基相同。（图七、一六；彩版二九，1）

台壁东西残长约 4.6 米，南北宽约 0.4 米，残高约 0.4 米。下半部错缝平砌 4 皮条砖，高约 0.18 米；上半部向内侧收分 5 厘米，错缝平砌 3 皮、侧砌 1 排条砖，高约 0.22 米，顶端平铺一皮与 F1 墁地砖同规格的方砖，顶端内侧竖砌一道条砖。条砖规格为 29×8×4 厘米。台壁转角处没有设置角柱石，直接用砖垒砌。

第四节　夹道遗迹

夹道遗迹共 3 处，其中 JD1 保存较完整，其余两处已遭严重破坏。（图七、一六；彩版四，2；彩版五，2；彩版二九；彩版三〇，1）

一　JD1

南北向，大部区域被第 2、第 3 层堆积所叠压，少部分区域压在第 4 层堆积下。已清理长度约 40.9 米，F2 台基东侧宽约 2.55 米，F1 台基东侧宽约 2.25 米。南端与 F1 南侧台基基本平齐，北端未清理。夹道为砖墁地，有散水、水井和砖砌遗迹。（图七；彩版三〇，1）

1．地基

为保持遗迹的完整性，未对夹道地基作解剖，从水井残破的井壁看，夹道地基做法和庭院地基相同。夹道地面呈西高东低的斜坡状。

2．墁地

紧贴 F1、F2 台基铺砌，保存有四段，自北向南依次残长约 19.85、3.35、6.4、0.28 米。墁地的铺法有二类，一类是 F2 东侧的墁地，共用 8 排砖平铺一皮而成，贴近 F2 台基台壁用 32×20×5 厘米的长方砖南北向顺铺，其东侧用 30×15×5 厘米的长方砖东西向错缝平铺；一类是 F1 东侧的墁地，共用 7 排砖平铺一皮而成，用 30×15×5 厘米的长方砖东西向错缝平铺。最南端与 F1 东南角的角柱齐平，用 28×8×4 厘米的条砖南北向侧砌包边，残存一排砖。（图七；彩版二九，1、2；彩版三○，1）

3．散水

位于墁地的东侧，残长约 36.4 米。与墁地一体铺砌，贴墁地砖东侧用 28×8×4 厘米的两排条砖南北向侧砌，用 30×15×5 厘米的一排长方砖南北向平铺，上口宽约 25 厘米，下口宽约 15 厘米，深约 6 厘米。

散水西边线每隔约 1.5 米左右有一直径约 15-20 厘米的圆洞，洞口用切削过的砖拼接而成。未解剖，经钻探，洞口以下积有 1 米多深的青灰色淤泥，洞口以下的边壁及底部情况不明。但北起第 10 个洞与第 11 个洞间距 3.3 米，当时砖面已损坏，未注意有无洞口；北起第 12 个洞与第 13 个洞间距 4.4 米，之间压有一块石头，未清理，不清楚有无洞口。（图七；彩版二九，1；彩版三○，1）

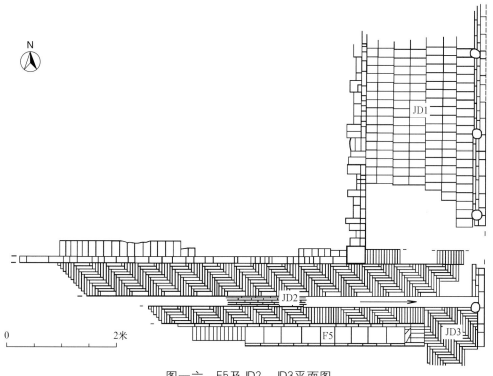

图一六　F5及JD2、JD3平面图

4.水井（SJ）

位于夹道的北部，被第2层堆积所叠压。西距F2台基台壁约1.2米。水井周边砌方形石质井台，井台内侧转角处有海棠线，井台东端隔断散水侧砌砖，紧贴散水平铺砖，边长约115厘米，井台边宽约5、内侧深约3厘米，井台高出夹道墁地约7厘米。水井位于井台中央，井口基本与墁地平齐，井壁用条砖砌筑而成，口部残缺，外径约90、内径约67.5、井壁厚约8厘米。（图七；彩版三〇，2）

5.砖砌遗迹

位于F1台基东北角角柱石外侧的夹道墁地之上，性质不明。东西向，西端紧贴角柱石，东端至散水侧砌砖，长约2米，用28×8×4厘米的条砖东西向平砌，残存两皮砖，残高约9厘米，底层保存完整，上层残存一块砖。（图七；彩版六，1）

二　JD2

东西向，被第2、第4层堆积叠压。东端与F1东侧夹道JD1的散水相连，西部已被破坏，夹道墁地呈两侧高中间低状。残长约8.55米，宽约1.1米。（图七、一六；彩版五，2；彩版二九，1；彩版三〇，1）

1.墁地

紧贴F1台基南侧台壁和F5台基北侧台壁铺砌，用29×8×4厘米的条砖侧砌，地面被中间的散水分成两部分，花纹呈柳叶人字形。

2.散水

东西向，距F1台基南侧台壁约0.6米，距F5北侧台壁约0.3米，残长约6.2米，用29×8×4厘米的条砖东西向侧砌，底呈弧形，上口宽约0.2米。东端与F1东侧夹道JD1的散水连成一体，形成一个贯通的排水系统。

三　JD3

南北向，被第3、4层堆积叠压，残长约0.75米，宽约1.1米。其地基做法、墁地方式与用材均与JD2相同，其东侧散水与JD1散水为同一条散水。（图七、一六；彩版四，2；彩版二九，1）

第四章　出土遗物

出土遗物按质地和功用分为陶质建筑构件、陶器、瓷器、石质遗物和铜钱五大类。现按出土单位予以介绍。

第一节　水池出土遗物

包括陶质建筑构件、瓷器和铜钱等。

一　陶质建筑构件

器形有板瓦、筒瓦、瓦当和望柱等。

（1）板瓦

标本SC：13，小头残。泥质陶，质地疏松较细腻。表面呈灰色。瓦内面饰较细麻布纹，大头饰两道压印纹，近小头处饰一道凹弦纹。长24、大头宽20.4、小头残宽11、厚1.6厘米。（彩版三一，1）

（2）筒瓦

标本SC：10，完整。横截面呈半圆形，一端有舌。泥质陶，质地略粗较坚致，表面呈灰黑色。瓦内面饰较粗的麻布纹。瓦内外面都残留有石灰痕迹。长29厘米，舌端宽13.2、厚2.6厘米，另端宽13.3、厚1.1厘米，舌长2.9、宽9.9-10.6、厚1.2厘米。（图一七，1；彩版三一，2）

标本SC：11，可复原。瓦身横截面呈半圆形，大头联宽平缘的圆形当，小头有舌。泥质陶，质地细腻较疏松，表面呈灰黑色。当缘上刻一周凹弦纹，当面模印折枝荔枝纹。瓦内面饰较细的麻布纹。通长32.5厘米，当径14.8、当缘宽1.6、当厚1.2厘米，瓦身大头厚1.3、舌端厚2.6-3.1厘米，舌长2.5、厚0.9厘米。（图一七，2；彩版三一，3）

（3）瓦当

标本SC：16，存一小段筒瓦瓦身。宽平缘。泥质陶，质地细腻较疏松，表面呈灰黑色。

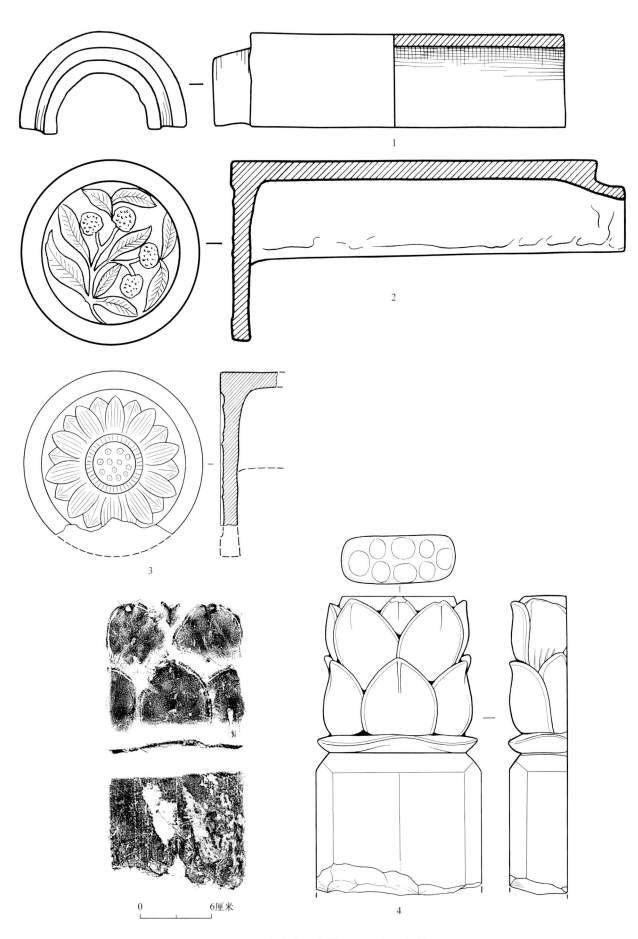

0   6厘米

图一七 水池出土陶筒瓦、瓦当、望柱

1.筒瓦SC：10 2.筒瓦SC：11 3.瓦当SC：16 4.望柱SC：9

当面模印重瓣莲花纹。残长 4.8 厘米，当径 14.8、当缘宽 1.3、当厚 1.6 厘米。（图一七，3；彩版三二，1）

（4）望柱

标本 SC：9，残件。上端刻成重瓣莲花状，下端光素无纹，柱身呈四棱柱状，一侧平直。泥质陶，质地细腻致密，表面呈灰色或青灰色。莲瓣比较肥厚，头部顶端刻圆圈纹，纹路较细。上端长 12.8、厚 4-4.8 厘米，下端长 11.2、厚 4-4.9 厘米，残长 24 厘米。（图一七，4；彩版三二，2）

二 瓷器

按釉色可分为青瓷、白瓷和青白瓷等。

（一）青瓷

包括南宋官窑、龙泉窑和汝窑产品，还有一些高丽青瓷和未能确定窑口的青瓷残片。

1.南宋官窑

水池底部出土南宋官窑青瓷片共计 89 片，全部为残片，不能复原。按胎釉特征可分为薄胎厚釉和厚胎厚釉两类，胎质细腻，较坚密，釉为多次釉。胎有黑色胎、灰黑色胎、灰褐色胎等，釉色有粉青色、淡青色、青灰色、灰青色、青灰色泛白、青色泛黄、月白色等，其中粉青色釉 12 片、淡青色釉 33 片、青灰色釉 15 片、灰青色釉 9 片、青灰色釉泛白 17 片、青色釉泛黄 2 片、月白色釉 1 片等。可辨器形有碗、盘、炉、瓶、花盆、镂空器座和镂空器等。

（1）碗

标本 SC：307，口沿残片。尖唇，敞口。黑色胎。粉青色釉，釉面有冰裂纹。残高 3.5 厘米。（彩版三三①）

标本 SC：298，口沿残片。尖唇，葵口外敞。黑色胎。青灰色釉，唇部呈紫黑色，釉面有疏朗开片。残高 3.2 厘米。（彩版三三②）

标本 SC：308，口沿残片。尖唇，敞口。黑色胎。青灰色釉泛白。残高 1.7 厘米。（彩版三三③）

标本 SC：309，口沿残片。尖唇，敞口。黑色胎。青灰色釉，釉面有疏朗开片。残高 2 厘米。（彩版三三④）

标本 SC：297，底足残片。矮圈足，挖足过肩。灰黑色胎。淡青色釉，足底刮釉露胎呈铁黑色，釉面有细碎开片。残高 2 厘米。（彩版三三⑤）

（2）盘

标本 SC：299，底足残片。矮圈足。黑色胎。灰青色釉，足底刮釉露胎呈紫红色，釉面有细碎开片。残高 1.7 厘米。（彩版三四，1）

标本 SC：296，底足残片。矮圈足，挖足过肩。灰黑色胎。青灰色釉泛白，足底呈紫色，釉面有细碎开片，足墙与外底间残留一较大支钉痕迹。残高 1 厘米。

（3）炉

标本 SC：295，弦纹炉腹部残片。直腹，平底。灰褐色胎。灰青色釉，釉面有细碎开片。下腹部近底饰有三道凸弦纹。残高 5 厘米。

（4）瓶

标本 SC：303，肩部残片。圆肩。灰黑色胎。外壁粉青色釉，内壁灰青色釉，外壁釉面开片疏朗，内壁釉面开片细碎，釉面有少量棕眼。肩部饰三道凸弦纹。残片长 7、宽 2.8 厘米。（彩版三五②）

标本 SC：304，肩部残片。溜肩。黑色胎。粉青色釉，釉面有疏朗开片，釉面有少量棕眼。肩部饰三道凸弦纹。残片长 4.6、宽 4 厘米。（彩版三五③）

标本 SC：305，腹部残片。灰褐色胎。粉青色釉，外壁釉面开片疏朗，内壁釉面开片细碎。残片长 4.9、宽 3.8 厘米。（彩版三五④）

标本 SC：306，口沿残片。圆唇，折沿。黑色胎。淡青色釉，唇部呈紫色，釉面有疏朗开片。残高 2.2 厘米。（彩版三五①）

标本 SC：300，颈部残片。直颈。灰褐色胎。外壁淡青色釉，内壁灰青色釉，外壁釉面开片疏朗，内壁釉面开片细碎。颈部外壁中间饰一道凸弦纹。残高 5.4 厘米。（彩版三六，1）

标本 SC：301，底部残片。内底近平，隐圈足，挖足较深微内敛。灰褐色胎。淡青色釉，内底积釉，釉面有疏朗开片和棕眼，足底刮釉露胎呈铁黑色。残高 2.5 厘米。（彩版三六，2）

标本 SC：302，底部残片。内底近平，隐圈足，挖足较浅微内敛。黑色胎。淡青色釉，釉面有疏朗开片，足底刮釉露胎呈铁黑色。残高 3.1 厘米。（彩版三六，3）

（5）花盆

标本 SC：294，腹部残片。曲腹。黑色胎。青灰色釉泛白，釉面有少量棕眼。腹部饰一道绳状凸弦纹。残片长 7、宽 6.5 厘米。（彩版三四，2）

（6）镂空器座

标本 SC：290，残片。黑色胎。粉青色釉，足底裹釉，内侧有一圈垫烧痕迹，露胎呈紫红色。残高 4 厘米。（彩版三七，1）

标本 SC：291，残片。黑色胎。月白色釉，内侧有一圈垫烧痕迹，露胎呈紫红色。残高 3.4 厘米。（彩版三七，2）

标本 SC：292，残片。黑色胎。粉青色釉，内侧有一圈垫烧痕迹，露胎呈紫红色。残高 4.4 厘米。（彩版三七，3）

（7）镂空器

标本 SC：293，残片。灰褐色胎。粉青色釉，釉面有细碎开片。残片长 4.6、宽 2 厘米。（彩版三七，4）

2.龙泉窑

器形有碗、盘、炉、瓶和盂等。

（1）碗

有莲瓣碗、敞口碗和侈口碗等。

莲瓣碗

标本SC：119，修复器。圆唇，敞口，浅斜曲腹，内底压圈，矮圈足，挖足过肩。灰白色胎，胎质细密。淡青色釉，釉色匀净，外壁釉面有疏朗开片，足底刮釉露胎呈铁黑色。外壁刻划莲瓣纹。口径14、足径6、高3.6厘米。（图一八，1；彩版三八，1）

标本SC：122，修复器。圆唇，敞口，斜曲腹，内底压圈，矮圈足，挖足过肩。灰白色胎，胎质细密。淡青色釉，釉色匀净，外壁釉面有细碎开片，足底刮釉露胎呈铁黑色。外壁刻划莲瓣纹。口径15、足径5.2、高4.4厘米。（图一八，2；彩版三八，2）

标本SC：90，口沿残片。圆唇，束口，斜曲腹。灰白色胎，胎质细密。淡青绿色釉。外壁刻划莲瓣纹和箆划纹。残高4.8厘米。（彩版三九，1）

敞口碗

标本SC：139，口沿残片。圆唇，曲腹。灰白色胎，胎质细密。淡青色釉，釉层略厚，釉色匀净，外壁釉面有疏朗开片。残高5.2厘米。（彩版三九，2）

侈口碗

标本SC：154，修复器。圆唇，敞口微侈，曲腹，矮圈足。灰褐色胎，胎质细密。青黄色釉，釉色匀净，外底心无釉，外底有垫烧痕迹。内壁和内底刻划卷草纹和箆划纹，外壁刻划折扇纹。口径18.1、足径5.3、高5.3厘米。（图一八，5；彩版三九，3）

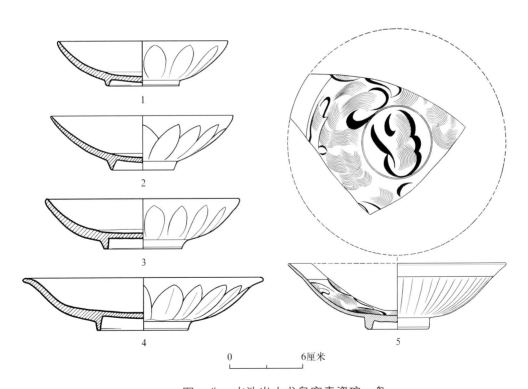

图一八　水池出土龙泉窑青瓷碗、盘

1.莲瓣碗SC：119　2.莲瓣碗SC：122　3.敞口盘SC：120　4.折沿盘SC：155　5.侈口碗SC：154

（2）盘

有敞口盘和折沿盘等。

敞口盘

标本 SC：120，修复器。圆唇，敞口，浅曲腹，矮圈足，挖足过肩。灰白色胎，胎质细密。青灰色釉，釉层略厚，釉色匀净，内壁釉面开片疏朗，外壁釉面开片细碎，足底刮釉露胎呈棕红色。外壁刻划莲瓣纹。口径 16、足径 6.4、高 4 厘米。（图一八，3；彩版四〇，1）

折沿盘

标本 SC：155，修复器。圆唇，敞口，折沿，浅斜曲腹，内底压圈，矮圈足，挖足过肩。灰白色胎，胎质细密。粉青色釉，釉层略厚，釉色光洁滋润，足底刮釉露胎呈铁黑色。外壁刻划莲瓣纹，瓣脊略凸。口径 19.8、足径 7.5、高 4.3 厘米。（图一八，4；彩版四〇，2）

（3）炉

有鬲式炉和弦纹炉。

鬲式炉

标本 SC：233，炉足残片。上端中空。灰色胎，胎质细密。淡青色釉，釉面有细碎开片。足内侧饰一道竖凸棱。残高 4.1 厘米。（彩版四一，1）

弦纹炉

标本 SC：21，腹部残片。直腹。灰色胎，胎质细密。灰青色釉，釉面有细碎开片。外壁饰凸弦纹。残高 4.9 厘米。（彩版四一，2）

（4）瓶

标本 SC：235，口沿残片。尖唇，小盘口。灰褐色胎，胎质细密。灰青色釉，釉层略厚，釉色匀净。口径 6.8、残高 2 厘米。（彩版四二，1）

标本 SC：117，颈肩残片。直颈，溜肩。灰白色胎，胎质细密。淡青色釉，釉层略厚，釉色匀净，釉面有疏朗开片。残高 6.6 厘米。（彩版四二，2）

（5）盂

标本 SC：137，腹底残片。鼓腹，矮圈足。灰白色胎，胎质细密。淡青色釉，釉层略厚，釉色匀净，足底刮釉露胎呈铁黑色。上腹部饰四道凸弦纹。残高 5.3 厘米。（彩版四二，3）

3. 汝窑

仅见 1 件梅瓶残片。

标本 SC：77，口、肩部残片。平唇，小盘口，广溜肩。香灰色胎，胎质细密。青灰色釉，釉面有疏朗开片，开片线呈紫红色。内壁有多道凸弦纹。残高 5.8 厘米。（彩版四三）

4. 高丽青瓷

整个遗址仅出土于 T1 水池内，共计 14 片，可辨器形有盘、炉、瓶和罐等，釉色淡青或青绿色，比较透明。

（1）盘

标本 SC：97，口沿残片。圆唇，敞口，浅曲腹。灰色胎略泛红，胎质细密，胎体内外各施一层白色化妆土。青绿色釉略泛黄，釉面有细碎开片和细小棕眼。残片长 3.6、宽 2.6 厘米。

标本 SC：98，口沿和底部残片。圆唇，敞口，折腹。灰色胎，胎质细密，胎体内外各施一层白色化妆土。青绿色釉，釉色匀净，釉面有细碎开片。内底施一道弦纹。残高 0.5 厘米。

（2）炉

标本 SC：99，口沿残片。圆唇，直口，直腹。灰色胎略泛红，胎质细密，胎体内外各施一层白色化妆土。粉青色釉，釉色匀净，釉面有细碎开片。外壁近口沿处施一道凸弦纹。残片宽 2.8、高 2.7 厘米。（彩版四四，1 ①）

（3）瓶

残片。淡灰色胎，胎质细密。淡青色釉，釉色匀净，釉面有细碎开片。外壁装饰方式为釉下镶嵌花卉纹。

标本 SC：100，肩部残片。外壁釉下彩绘菊花纹，枝叶呈黑色，花呈灰白色。残长 5.5、残高 1.1 厘米。（彩版四四，1 ②）

标本 SC：156，釉面有少量棕眼。外壁釉下彩绘花卉纹，枝叶呈黑色。残长 4.2、残高 0.8 厘米。（彩版四四，1 ③）

（4）罐

标本 SC：157，口沿残片。圆唇，敛口，鼓腹。淡灰色胎，胎质细密。淡青色釉略泛白，釉色匀净，釉面有疏朗开片和棕眼。外壁下腹部刻划莲瓣纹。残宽 3.6、残高 2.4 厘米。（彩版四四，1 ④）

（5）不明器形

标本 SC：158，口沿残片。圆唇，敞口，曲腹。浅灰色胎，胎质细密。淡青色釉，釉面有细碎开片和细小棕眼。外壁近口沿处饰连体变形回纹。残长 4.2、残高 1.9 厘米。（彩版四四，2 ①）

标本 SC：160，口沿残片。平唇，折沿，敞口。淡灰色胎，胎质细密。淡青色釉，釉面有疏朗开片。外壁装饰方式为釉下镶嵌花卉纹，彩绘的花卉纹呈灰白色。残宽 2.9、残高 2.6 厘米。（彩版四四，2 ②）

标本 SC：165，残片。灰色胎略泛红，胎质细密。青绿色釉，外壁釉面开片细碎，内壁釉面开片疏朗。残片长 7.1、宽 4.2 厘米。

5.未定窑口

按胎釉可分为两类。

第一类：制作十分规整，薄胎厚釉，黑色胎，胎质细腻稍疏松，灰青色或青灰色釉，釉色匀净，釉层较厚，为多次釉，釉面有微细棕眼。整个遗址仅出土于 T1 水池内，全部为口沿和腹部残片，共计 28 片，器形可辨别者有碗、盘等。

（1）碗

口沿残片。尖唇，敞口微敛，斜曲腹。灰青色釉，唇部略呈紫黑色。内壁刻划折枝荷花纹。

标本 SC：166，釉面有疏朗开片。残高 3.3 厘米。

标本 SC：167，釉面有细碎开片。残高 1.9 厘米。

（2）盘

腹部残片。灰青色釉。内壁刻划折枝荷花纹。

标本 SC：168，浅斜曲腹。内壁釉面有疏朗开片。残片长 7、宽 3.4 厘米。

标本 SC：169，下腹近平。内壁釉面开片较疏朗，外壁釉面开片较细碎。残片长 6.2、宽 3 厘米。

第二类：灰白色胎，胎质略粗。施釉不及底，釉面积釉、结砂、有棕眼。器形仅见侈口碗：尖唇，斜直腹略曲，内底压圈，矮圈足，鸡心底。

标本 SC：125，完整。五出葵口。青黄色釉，釉色不匀。外壁腹部饰两道弦纹。底款墨书"解"字。口径 16.3、足径 6.1、高 5.8 厘米。（图一九，1；彩版四五，1）

标本 SC：127，可复原。葵口。青灰色釉泛白，釉色不匀。外壁下腹饰三道弦纹。底款墨书"王"字。口径 17、足径 6、高 5.9 厘米。（图一九，2；彩版四五，2）

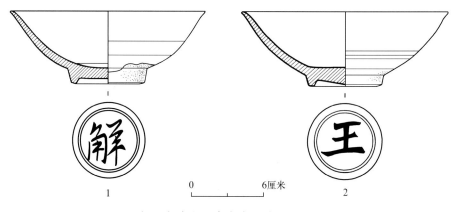

图一九　水池出土未定窑口青瓷侈口碗
1.SC：125　2.SC：127

（二）白瓷

包括定窑、磁州窑和景德镇窑仿定产品。

1.定窑

器形有碗、盘、碟、洗、炉、瓶和器盖等。大部分为白胎白釉，胎体较薄，装饰纹饰以印花花卉纹、鱼纹等为主，印花纹饰略凸起，有浅浮雕感。

（1）碗

有斜腹碗、曲腹碗、直腹碗和斗笠碗等。

斜腹碗

斜腹，平底，内底压圈，矮圈足，足墙较窄。白色胎，胎质细密。白色釉，釉色光亮。

标本 SC：27，腹底部残片。圈足足墙略直，足底较平，挖足过肩。外底有两处缩釉。内底和内壁刻划花草纹，外底心饰一周凹弦纹。足径6.4、残高2.0厘米。（图二○，1；彩版四六，1）

标本 SC：33，腹底部残片。小圈足，足墙平直，挖足较深。内壁印竹叶纹，内底印花卉纹。足径4.0、残高3.0厘米。（彩版四六，2）

标本 SC：109，腹底部残片。圈足足墙略直，足底较平，挖足过肩。内底和内壁刻划花草纹。足径6.4、残高2.1厘米。（彩版四六，3）

标本 SC：114，腹底部残片。圈足足墙略直，足底较平，挖足过肩。内壁刻划莲花纹，外壁压印直线纹。残高3.0厘米。

标本 SC：150，残片。圆唇，敞口，圈足足墙略直，足底较平，挖足较深。内壁出筋，外壁压印直线纹。高5.9厘米。

标本 SC：173，腹底部残片。圈足足墙略直，足底较平，挖足较深。内壁和内底印花草纹，外底饰一周凹弦纹。残高2.0厘米。

标本 SC：174，腹底部残片。圈足足墙稍宽，挖足过肩。内壁刻划草叶纹。残高2.5厘米。

标本 SC：175，腹底部残片。圈足微内敛，挖足较深。白色釉闪黄。内壁出筋，内底

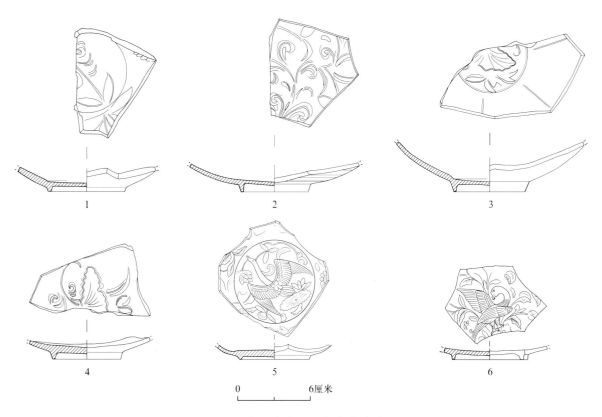

0　　　　　　6厘米

图二○　水池出土定窑白瓷碗
1.斜腹碗SC：27　2.曲腹碗SC：28　3.曲腹碗SC：44　4.曲腹碗SC：41　5.直腹碗SC：22　6.残件SC：24

和外壁刻划纹饰。残高 2.5 厘米。

标本 SC：176，腹底部残片。挖足较深。内壁和内底印荷叶、荷花纹。残高 3.8 厘米。

标本 SC：177，腹底部残片。挖足较深。内壁和内底印花卉纹。残高 2.2 厘米。

曲腹碗

曲腹。白色胎，胎质细密。白色釉，釉色较匀净、光亮。

标本 SC：63，口腹残片。圆唇，敞口。口沿刮釉覆烧。内壁印花卉纹，近口沿处饰一周变形回纹。口径 20.8、残高 3.5 厘米。

标本 SC：65，口腹残片。尖唇，敞口。口沿刮釉覆烧。内壁印牡丹花纹、飞鹤纹，近口沿处饰一周变形回纹。口径 21.4，残高 4.9 厘米。

标本 SC：68，口腹残片。圆唇，葵口外敞，口沿微外折，近底处微折。口沿刮釉覆烧。内壁出筋。口径 22、残高 4 厘米。

标本 SC：69，口腹残片。圆唇，敞口。外壁釉面有少量结砂。口沿刮釉覆烧。内壁印牡丹花纹，近口沿处饰一周变形回纹。口沿残留有镶银扣的痕迹。口径 17.4、残高 3.6 厘米。

标本 SC：248，腹底部残片。下腹部略斜直，平底，内底压圈，矮圈足，圈足微内敛，足墙较窄，挖足较深。釉面有少量棕眼和结砂。内底印双鱼纹和水波纹，内壁印山茶花纹。足径 6.8、残高 2.2 厘米。（彩版四七，1）

标本 SC：25，腹底部残片。下腹部略斜直，平底，内底压圈，矮圈足，圈足微内敛，足墙较窄，挖足较深。釉面有少量棕眼和结砂。内底印鱼纹，内壁印花卉纹，外底饰一周凹弦纹。足径 6.6、残高 3.5 厘米。（彩版四七，2）

标本 SC：28，腹底部残片。下腹部略平直，内圜底略下凹，矮圈足，足墙较窄，挖足过肩。釉面有少量棕眼和结砂。内底和内壁刻划花草纹。足径 5.6、残高 2.3 厘米。（图二〇，2；彩版四七，3）

标本 SC：29，腹底部残片。下腹部略斜直，平底，内底压圈，矮圈足，足底较平，足墙较窄，挖足过肩。釉面有少量结砂。内底和内壁刻划草叶纹。足径 6.1、残高 3.5 厘米。（彩版四八，1）

标本 SC：41，腹底部残片。下腹部略平直，内圜底略下凹，矮圈足，足墙较窄，挖足较深。白釉闪黄。内底和内壁刻划荷叶、荷花纹。足径 5.8、残高 1.8 厘米。（图二〇，4；彩版四八，2）

标本 SC：44，腹底部残片。内平底，内底压圈，矮圈足，足墙较窄，挖足较深。内壁出筋，内底印荷叶、荷花纹。足径 6.0、残高 4.1 厘米。（图二〇，3；彩版四八，3）

标本 SC：116，腹底部残片。下腹部略斜直，矮圈足，足墙较窄，挖足较深。内壁刻划莲花纹。残高 3.4 厘米。

标本 SC：149，腹底部残片。下腹部略斜直，平底，内底压圈，矮圈足，足墙较窄，挖足较深。内壁出筋，内底印荷叶、荷花纹。足径 5.9、残高 2.3 厘米。

标本 SC：183，腹底部残片。内圜底，矮小圈足，足墙较窄，挖足过肩。内壁近底处饰一周凸弦纹，外壁刻竹叶纹。足径5.8、残高2.2厘米。

标本SC：184，腹底部残片。内圜底，矮圈足较小，足墙较窄，挖足较深。内底印菊花纹，内壁印花草纹。足径4.3、残高1.6厘米。

直腹碗

直腹，近底处曲收，矮圈足，足墙较窄。白色胎，胎质细密。白色釉，釉较匀净、光亮，足墙近底处积釉闪黄。

标本SC：249，腹底部残片。平底，内底压圈，挖足过肩。釉面有疏朗开片。内底印水波纹和双鱼纹。足径5.6、残高1.6厘米。（彩版四九，1）

标本SC：250，腹底部残片。平底，内底压圈，足墙稍厚，挖足过肩。内壁出筋，内底印水波纹和双鱼纹，外壁刻划莲瓣纹。足径5.8、残高2.5厘米。（彩版四九，2）

标本SC：22，腹底部残片。平底，内底压圈，矮圈足近似卧足，挖足过肩。釉面有疏朗开片和少量棕眼。内壁印纹饰，内底印荷花荷叶纹和芦雁衔枝纹。足径5.8、残高1.2厘米。（图二〇，5；彩版四九，3）

标本SC：23，腹底部残片。平底，内底压圈，矮圈足近似卧足，挖足过肩。釉面有细碎开片。内壁印纹饰，内底印缠枝花纹和芦雁衔枝纹。足径5.8、残高1.1厘米。（彩版五〇，1）

标本SC：153，口腹部残片。圆唇，直口，内圜底。釉面有少量棕眼。口沿刮釉覆烧。外壁竖刻草叶纹。残高4.5厘米。

标本SC：188，口腹部残片。圆唇，直口。口沿刮釉覆烧。外壁刻划双层莲瓣纹，瓣幅较宽，瓣脊略凸。残高5.1厘米。（彩版五〇，2）

斗笠碗

标本SC：34，修复器。尖唇，侈口微折，曲腹，小平底，矮小圈足，足底较平，挖足较浅。白色胎，胎质细密。白色釉，釉色匀净、光亮。口沿刮釉覆烧。内壁刻划折扇纹，近口沿处刻划一周弦纹。口径13.6、足径2.7、高3.9厘米。（彩版五一）

残件

矮圈足，足墙较窄。白色胎，胎质细密。白色釉，釉色较匀净、光亮。

标本SC：24，腹部近底处略平直，平底，足底较平，挖足较深。釉面有细碎开片。内底印灌木丛和梳羽天鹅纹。足径6.4、残高1.1厘米。（图二〇，6；彩版五〇，3）

标本SC：46，腹部近底处略平直，平底，矮圈足较高，挖足过肩。足径6.4、残高2、足墙高1.2厘米。

（2）盘

有折腹盘、浅曲腹盘、曲腹盘和隐圈足盘等。

折腹盘

折腹。白色胎，胎质细密。白色釉，釉色匀净光亮。

标本SC：30，腹底部残片。下腹略平直，平底，矮圈足，挖足较深。内壁釉面有少量棕眼。内底和内壁印花卉纹。残高2.4厘米。（彩版五二，1）

标本SC：42，可复原。圆唇，敞口，上腹斜直，下腹略曲，矮圈足，挖足过肩。外壁釉面有少量结砂。口沿刮釉覆烧。内底和内壁刻划荷花纹。口径18.8、足径6.4、高4厘米。（图二一，1；彩版五二，2）

标本SC：50，口腹部残片。平唇，葵口外侈，上腹略曲。口沿刮釉覆烧。内壁刻划荷叶纹，近口沿处刻划一周弦纹，外壁压印线纹。口径19.6、残高3.5厘米。

标本SC：51，口腹部残片。平唇，侈口，上腹略曲。口沿刮釉覆烧。内壁刻划花草纹。口径20.2、残高3.2厘米。（图二一，2）

标本SC：66，口腹部残片。尖唇，葵口外侈，上腹斜直。口沿刮釉覆烧。内壁印菊花纹，近口沿处饰一周凸弦纹。残高3.2厘米。

标本SC：193，腹底部残片。下腹略斜直，矮圈足，挖足过肩。内底和内壁刻划水波水草纹。残高2.9厘米。

浅曲腹盘

浅曲腹。白色胎，胎质细密。白色釉，釉色匀净、光亮。

标本SC：62，口腹部残片。圆唇，敞口，上腹部略曲，下腹部略平直。口沿刮釉覆烧。内壁近口沿处饰两周凸弦纹，内壁印山茶花纹，近底处饰两组两道一组的凸弦纹，弦纹间饰一周变形回纹。口径30、残高5.2厘米。

标本SC：67，口腹部残片。圆唇，敞口。口沿刮釉覆烧。内壁近口沿处饰一周变形回纹，内壁印折枝梅花纹。口径18.8、残高3.2厘米。

标本SC：86，腹底部残片。下腹部略平直，内底近平、压圈，矮圈足稍大，挖足过肩。

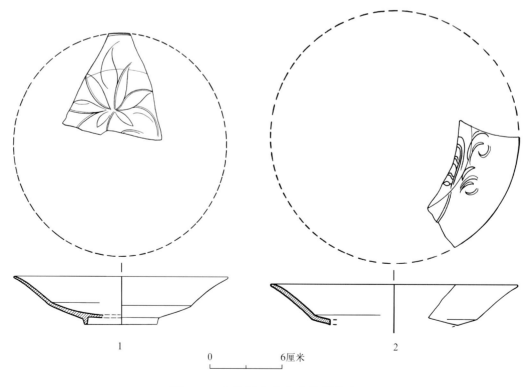

图二一　水池出土定窑白瓷折腹盘
1.SC：42　2.SC：51

釉面有细碎开片，内壁印缠枝花卉纹，近底处饰一周变形回纹，内底印鱼纹和缠枝花卉纹。足径 13.2、残高 3.2 厘米。

标本 SC：260，腹底部残片。下腹部略平直，内底近平，矮圈足稍大，挖足较深。外底釉面有棕眼。内底印花草纹。足径 12.6、残高 1.6 厘米。（彩版五三，1）

标本 SC：267，口腹部残片。圆唇，敞口。口沿刮釉覆烧。内壁近口沿处印一周卷草纹，卷草纹下印牡丹纹。口沿残留镶银扣痕迹。口径 18、残高 3 厘米。（图二二，1；彩版五三，2）

标本 SC：268，口腹部残片。圆唇，敞口。口沿刮釉覆烧。内壁近口沿处饰一周变形回纹，回纹下印海石榴纹。口径 18.2、残高 3 厘米。（图二二，2；彩版五三，3）

标本 SC：269，可复原。圆唇，敞口，矮圈足。口沿刮釉覆烧。内壁近口沿处饰一周变形回纹，回纹下印荷花、荷叶纹。口径 16.8、足径 6、高 3.4 厘米。（图二二，3；彩版五三，4）

标本 SC：87，腹底部残片。腹部近底处曲收，大平底，内底压圈，矮圈足，挖足过肩。釉面有细碎开片。内壁印如意纹，内底印缠枝花卉纹和飞鸟纹。残高 2 厘米。（图二二，5）

曲腹盘

圆唇，敞口，曲腹，平底。白色胎，胎质细密。白色釉，釉色匀净、光亮。

标本 SC：8，修复器。内底压圈，矮圈足稍大，挖足较浅。内壁近口沿处印一周变形回纹，回纹下印水波纹和鱼纹；内底近内壁处印一周变形回纹，回纹内印花纹饰样。口径 13.8、足径 8.8、高 2.8 厘米。（图二二，4；彩版五三，5）

标本 SC：82，修复器。内底压圈，矮圈足稍大，挖足很浅。釉面部分有细碎开片，外底无釉。外壁下腹部刻划两周弦纹。口径 13、足径 6.6、高 3.1 厘米。（图二二，6）

标本 SC：83，可复原。内底压圈，矮圈足稍大，挖足较深。口沿刮釉覆烧。内底刻划纹饰。口沿残留有镶银扣痕迹。高 3.0 厘米。

隐圈足盘

标本 SC：261，修复器。圆唇，敞口，白色胎，胎质细密。白色釉，釉色白净、光亮。口径 12.1、足径 9.4、高 2.2 厘米。（图二二，8；彩版五四，1）

标本 SC：262，修复器。内底刻划草叶纹。口径 12.2、足径 8.9、高 2.1 厘米。（图二二，9；彩版五四，2）

标本 SC：263，修复器。内底刻划草叶纹。口径 12.2、足径 8.8、高 2.4 厘米。（图二二，10；彩版五四，3）

标本 SC：102，残片。敞口，腹壁斜直，近底处略折，平底，内底压圈，隐圈足，挖足很浅。口沿刮釉覆烧。内底刻划纹饰。高 2 厘米。（彩版五四，4）

残件

为腹底部残件或底足残件。白色胎，胎质细密。白色釉。

标本 SC：38，下腹部平直，平底，矮圈足，挖足过肩。足墙与壁、底交接处积釉泛青。内底釉面有细碎开片，外底釉面有少量结砂。内壁印花卉纹，内底印荷花荷叶纹，内壁和

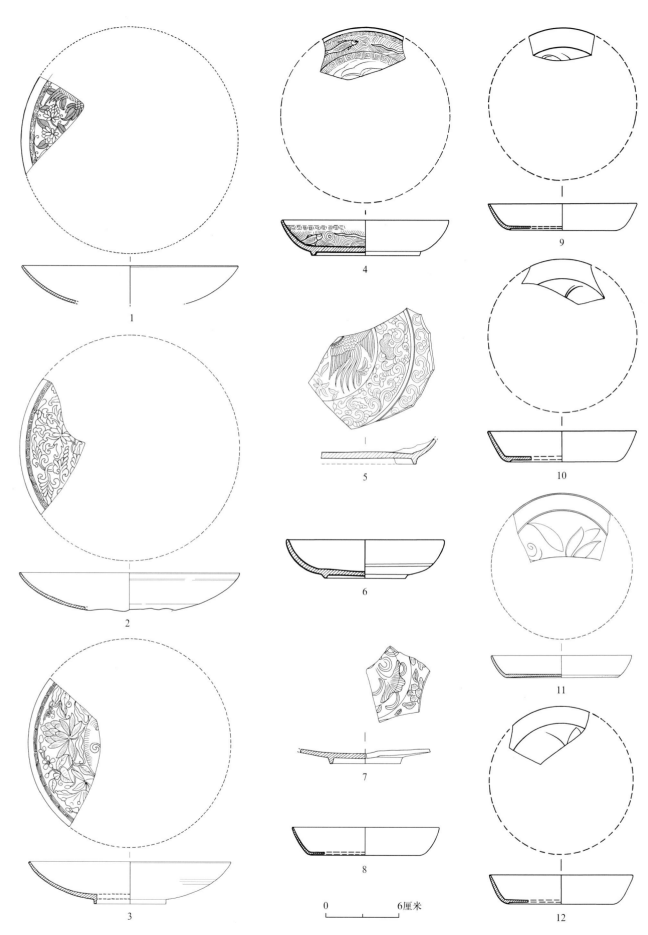

图二二　水池出土定窑白瓷盘、碟

1.浅曲腹盘SC：267　2.浅曲腹盘SC：268　3.浅曲腹盘SC：269　4.曲腹盘SC：8　5.浅曲腹盘SC：87　6.曲腹盘SC：82

7.残件SC：38　8.隐圈足盘SC：261　9.隐圈足盘SC：262　10.隐圈足盘SC：263　11.碟SC：270　12.碟SC：96

内底印花纹饰之间饰一周凸弦纹。足径5.8、残高1.1厘米。（图二二，7；彩版五二，3）

标本SC：198，下腹略平直，内圆底，矮圈足，挖足过肩。足墙与壁、底交接处积釉闪黄，釉面有细碎开片。内壁和内底刻草叶纹。足径7.2、残高1.1厘米。

标本SC：199，下腹斜直略曲，平底，矮圈足，挖足过肩。内壁和内底印花卉纹。残高2厘米。

标本SC：201，下腹平直，平底，内底压圈，矮圈足，挖足平肩。内壁印花卉纹，内底印草叶纹。残高0.8厘米。

标本SC：202，下腹斜直略曲，平底，内底压圈，矮圈足，挖足过肩。内壁和内底印花卉纹。残高1.4厘米。

标本SC：203，下腹略曲，平底，内底压圈，矮圈足，挖足过肩。内底刻划鱼纹和水波纹。残高1.4厘米。

标本SC：88，平底，内底压圈，矮圈足，挖足过肩。内底印花卉纹。足径10.5、残高1.8厘米。

（3）碟

白色胎，胎质细密。白色釉，釉色匀净光亮。

标本SC：270，修复器。圆唇，敞口，腹壁斜直略曲，内底压圈，平底。内底刻划荷花纹。口径11.6、底径9.2、高1.8厘米。（图二二，11；彩版五五，1）

标本SC：96，修复器。腹壁略斜直，近底处曲收，隐圈足较大，挖足很浅。口沿刮釉覆烧。内底刻划荷花纹。口径11.8、足径8.8、高2.3厘米。（图二二，12）

标本SC：210，可复原。尖唇，敞口，斜直腹略曲，内底压圈，浅隐圈足。内壁近口沿处印一周变形回纹，回纹下印花草纹；内底近壁处印一周变形回纹，回纹内印花草纹。高2.4厘米。

标本SC：211，口沿残片。尖唇，葵口外敞，曲腹。内壁近口沿处印一周卷云纹，内壁出筋，出筋间印花草纹。口径9.4、残高2.4厘米。

标本SC：196，残片。腹壁略斜直，平底，近底处曲收。口沿刮釉覆烧。内底刻划草叶纹。口径11、底径8.9、高1.5厘米。

（4）洗

标本SC：84，可复原。圆唇微上折，折沿，敞口，浅曲腹，矮圈足，挖足较浅。白色胎，胎质细密。白色釉。口沿刮釉覆烧。外壁折沿处有结砂。内壁折沿上划一周涡纹。残高2.3厘米。

（5）炉

标本SC：103，口沿残片。斜平唇，直口，直腹。白色胎，胎质细密。白色釉。口沿刮釉覆烧。外壁近口沿处饰一周凸弦纹，上腹部饰两道一组的凸弦纹。残高3厘米。（彩版五六，1）

标本SC：275，口腹部残片。圆唇，直口，直腹，近底处斜折，内平底略下凹。灰白色胎，胎质粗疏。白色釉略泛黄。内壁施釉仅及口沿，外壁釉面有较多棕眼。外壁刻

划三重花瓣纹。口径 9.5、残高 6.4 厘米。（图二三，1；彩版五六，2）

（6）瓶

均为口颈部残片。白色胎，胎质细密。白色釉。

标本 SC：276，折沿，直口，直颈，折肩。内口径 2.3、颈长 9、残高 10.4 厘米。（图二三，2；彩版五五，2）

标本 SC：277，瓶颈和瓶身分体拉坯后粘接。尖唇，敞口，长颈，溜肩，外壁近口沿处有一残系。釉面有细碎开片。口径 5.7、残高 10.2 厘米。（图二三，3；彩版五五，3）

标本 SC：123，敞口，长颈，溜肩。釉面有细碎开片。残高 11.4 厘米。（图二三，4）

（7）器盖

白色胎，胎质细密。白色釉。

标本 SC：1，修复器。子口，盖面弧鼓，盖顶粘桥形纽，盖沿平折。盖沿下和子口外壁无釉。釉面有疏朗开片。盖面划草叶纹和篦划纹。盖径 9.8、子口径 7.3、高 2.7 厘米。（图二三，5；彩版五七，1）

标本 SC：2，残片。子口，盖面弧鼓，盖沿平折。盖沿下和子口外壁无釉。盖面刻划覆莲瓣纹。盖径 12.1、子口径 10、残高 2.1 厘米。（彩版五八，1）

标本 SC：218，残片。子口，盖面弧鼓，盖沿平折。盖沿下和子口外壁无釉。盖面刻划蕉叶纹。残高 1.7 厘米。

标本 SC：219，残片。子口，盖面略弧鼓，盖沿平折。盖沿下和子口外壁无釉。釉面开片细碎。盖面印菊瓣纹。残高 1 厘米。

标本 SC：278，修复器。盖沿微外侈，盖面弧鼓，平盖顶，上有一残纽。盖内残留 4 个泥点垫烧痕。平盖顶周边饰凸弦纹。盖径 11.8、高 3 厘米。（彩版五七，2）

标本 SC：228，残件。平唇，外壁中间有一折棱，下腹略直，上部略曲。唇口和内壁

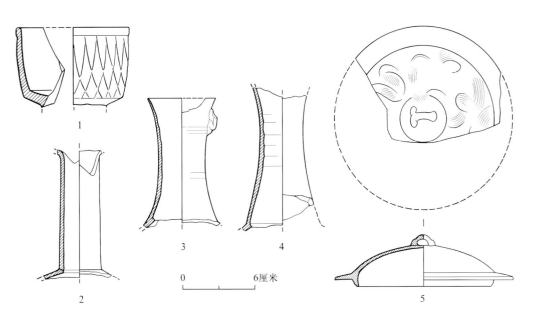

图二三　水池出土定窑白瓷炉、瓶、器盖

1.炉SC：275　2.瓶SC：276　3.瓶SC：277　4.瓶SC：123　5.器盖SC：1

近沿处刮釉。残高 2.8 厘米。

（9）碾棒

标本 SC：280，完整。八棱形，顶端平，底端半圆形。上端白灰釉，釉面有灰白色斑点，下端不施釉，呈紫砂色。长 7.8、上端径 1.7、下端径 2 厘米。（彩版五八，2）

（10）不明器形

残碎过甚，器形不明。白色胎，胎质细密。白色釉。

标本 SC：220，一侧壁面饰树叶纹黑彩。残片长 4.2、宽 3.4 厘米。

标本 SC：221，内外壁刻划花草纹等。残高 1.5 厘米。

标本 SC：222，内壁印水波、荷花、荷叶和水鸟纹。残高 2.1 厘米。

标本 SC：223，内壁印并蒂莲纹。残片长 3.6、宽 2.8 厘米。

标本 SC：227，残件。子口，曲腹，外壁中间有一折棱，平底，隐圈足，挖足较浅。残高 4 厘米。

2.磁州窑

器形有盘、盆等。胎体略厚，胎质较细，略显疏松，施白色化妆土。白色釉。

（1）盘

标本 SC：55，口沿残片。尖唇，敞口微侈，折腹。灰白色胎。釉面有少量结砂，局部有积釉，积釉处闪黄。残高 2.2 厘米。

标本 SC：85，口沿残片。圆凸唇，大斜折沿，敞口，浅曲腹。灰白色胎。釉面洁白明亮，有细碎开片。残高 2.6 厘米。

（2）盆

标本 SC：75，口腹残片。圆凸唇，大斜折沿，敞口，曲腹。浅灰色胎。残高 8.2 厘米。（图二四）

标本 SC：229，口腹残片。圆凸唇，大斜折沿，敞口，曲腹。灰白色胎。残高 5.2 厘米。

（3）不明器形

标本 SC：230，底足残片。平底，矮圈足，足墙较宽，挖足过肩。浅灰色胎。白色釉略泛黄，釉面开片细碎。残高 1.5 厘米。（彩版五八，3）

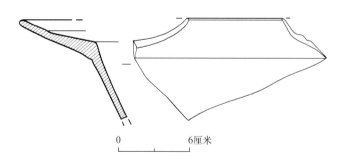

图二四　水池出土磁州窑白瓷盆SC：75

3.景德镇窑仿定

均为残片。白色胎，胎质细密。白色釉，积釉处釉色闪黄。

标本 SC：105，腹底部残片。平底，挖足较深。釉面有细碎开片。内底和内壁印花卉纹和仙鹤纹。足径 5.8、残高 1.1 厘米。（彩版五九，1）

标本 SC：106，腹底部残片。外壁近底处微折，平底，内底压圈，挖足过肩。釉面有细碎开片。内底印水波纹和双鱼纹。足径 6.7、残高 1.2 厘米。（彩版五九，2）

标本 SC：107，腹底部残片。平底，内底压圈，挖足过肩。内底印水波纹和双鱼纹，外壁刻划莲瓣纹。足径 5.4、残高 1.1 厘米。（彩版五九，3）

标本 SC：108，底腹部残片。平底，内底压圈，挖足过肩。釉面有细碎开片。内底印水波纹和双鱼纹，外壁刻划莲瓣纹。足径 6.3、残高 1.2 厘米。（彩版五九，4）

（三）青白瓷

均为景德镇窑产品。器形有碗、盘、盆、盒和器盖等。

（1）碗

标本 SC：60，口沿残片。尖唇，敞口，斜曲腹。灰白色胎，胎质细密。青白色釉，玻璃质感强，釉面有疏朗开片。内壁刻划纹饰。口径 20、残高 4.8 厘米。

（2）盘

标本 SC：110，腹底部残片。折腹，腹壁斜直，内大平底，矮圈足，挖足较深。白色胎略泛灰，胎质细密。青白色釉泛灰，玻璃质感强。釉面有较多棕眼和结砂。足径 5.4、残高 2.7 厘米。（彩版六〇，1）

标本 SC：231，底部残片。曲腹，内平底，矮圈足，挖足较深。白色胎略泛灰，胎质细密。青白色釉，玻璃质感强，釉面有细碎开片。残高 1.6 厘米。（彩版六〇，2）

（3）盆

标本 SC：76，口沿残片。圆凸唇，曲腹，敞口。白色胎，胎质细密。青白色釉，玻璃质感强。内壁刻划水波纹。口径 23.8、残高 6.9 厘米。

（4）盒

标本 SC：45，可复原。平唇，直口，直腹略曲，平底略凹。白色胎，胎质细密。青白色釉，釉面光亮，口沿内外刮釉。内底刻划纹饰。高 2.2 厘米。

（5）器盖

标本 SC：4，可复原。器形不太规整。口略呈椭圆形，平唇，直口，直腹，盖面平，中心呈圆柱状凸起，外壁粘有一系。白色胎，胎质细密。青白色釉，内壁和内底无釉。口径 5×4.2、高 2.4 厘米。（图二五；彩版六〇，3）

（6）不明器形

标本 SC：232，底部残片。曲腹，内平底。白色胎略泛灰，胎质细密。青白色釉，玻璃感强，内底无釉。釉面有疏朗开片。残高 1 厘米。（彩版四六〇，4）

三　铜钱

共出土不同时期的铜钱 116 枚，均出土于庭院内的水池底部，因水池内有积水，大都锈蚀严重，字迹无法辨识。可辨者 23 枚，见下表：

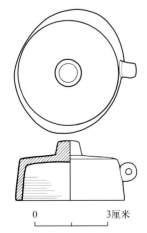

图二五　水池出土景德镇窑
青白瓷器盖 SC：4

钱 名	数量	始 铸 年 代	直径（厘米）	备注
开元通宝	1	唐高祖武德四年 （621年）	2.4	对读
天圣元宝	2	宋仁宗天圣年间 （1023—1032年）	2.4—2.45	右旋读
熙宁通宝	1	宋神宗熙宁年间 （1068—1077年）	2.9	右旋读
熙宁重宝	2	宋神宗熙宁年间 （1068—1077年）	3.2	右旋读
元丰通宝	6	宋神宗元丰年间 （1078—1085年）	2.8—3.0	右旋读
政和通宝	2	宋徽宗政和年间 （1111—1118年）	2.35—2.8	对读
建炎通宝	1	宋高宗建炎年间 （1127—1130年）	3.0	对读
淳熙元宝	1	宋孝宗淳熙元年 （1174年）	3.0	右旋读
嘉定通宝	6	宋宁宗嘉定年间 （1208—1224年）	2.9—3.05	对读
绍定元宝	1	宋理宗绍定年间 （1228—1233年）	2.4	右旋读

第二节 第4层出土遗物

包括陶质建筑构件、陶器和瓷器等。

一 陶质建筑构件

有板瓦、重唇板瓦、筒瓦、瓦当和砖雕等。

（1）板瓦

标本T1④：43，残件。泥质灰陶，质地略粗。瓦内面饰麻布纹和压印纹。残长14.6、大头宽20.6、厚1.5厘米。（图二六，1；彩版六一，1）

标本T1④：45，残件。瓦内面饰麻布纹。残长16.9、残宽11.4、厚1.3厘米。（彩版六一，2）

（2）重唇板瓦

标本T1④：46，残件。泥质灰陶，质地略粗。唇面呈上下两层，上层饰叶脉纹，下层粘长条形花边滴水，瓦内面饰麻布纹。残长7.6、残宽6、厚1.4厘米，唇端残宽6.1、唇面宽3、唇厚1.9厘米。（彩版六一，3）

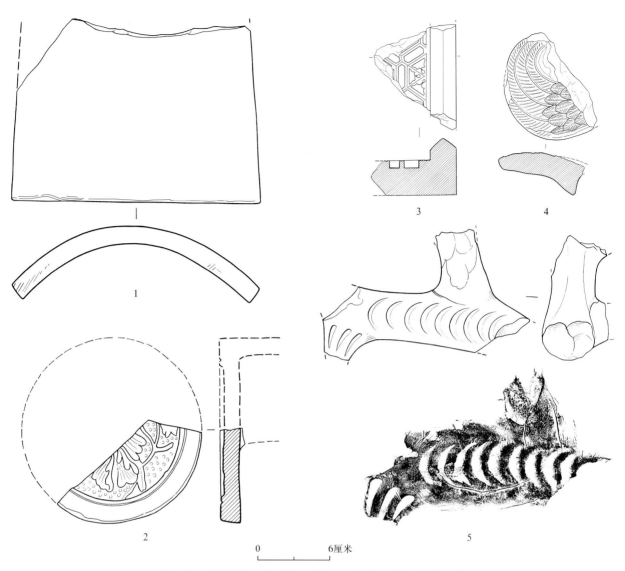

图二六　第4层出土陶板瓦、瓦当、砖雕、建筑构件饰件

1. 板瓦T1④：43　2.瓦当T1④：49　3.砖雕T1④：57　4.建筑构件饰件残件T1④：85　5.建筑构件饰件残件T1④：59

（3）筒瓦

标本 T1 ④：47，残件。泥质灰陶，质地较细。瓦内面饰麻布纹，内外面残留较多石灰痕迹。残长 26、大头宽 14.6、厚 1.5 厘米。（彩版六一，4）

（4）瓦当

标本 T1 ④：49，残件。圆形，宽平缘。泥质灰陶，质地较细。当缘上刻一周凹弦纹，当面饰珍珠底纹和花卉纹。当径 14.8、缘宽 1.8、厚 1.6 厘米。（图二六，2；彩版六一，5）

（5）砖雕

标本 T1 ④：57，残件。泥质灰陶，质地较细。残长 8.6、残宽 6.7 厘米。（图二六，3；彩版六二，1）

（6）建筑构件饰件残件

标本 T1 ④：59，外形圆柱状。泥质灰陶，质地较细。一侧饰鱼鳞状纹饰，一侧光素

无纹。残长 17 厘米。（图二六，5；彩版六二，2）

标本 T1④：85，外形呈树叶状。泥质陶，灰红色，质地较细。一侧饰叶脉纹，一侧光素无纹。残长 8.5 厘米。（图二六，4；彩版六二，3）

二 陶器

有灯和器盖等。

灯

标本 T1④：86，残件。泥质灰陶，质地较细。残高 10.6 厘米。（图二七，1；彩版六二，4）

器盖

标本 T1④：58，残件。外形呈塔顶状，中空。泥质灰陶，质地较细。外壁饰多道凸弦纹。残高 11.9 厘米。（图二七，2；彩版六二，5）

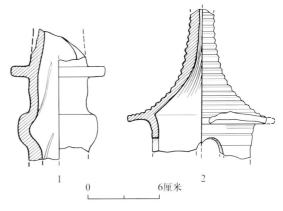

图二七 第4层出土陶灯、器盖
1.灯 T1④：86 2.器盖 T1④：58

三 瓷器

按釉色可分为青瓷、白瓷、青白瓷和黑（酱）釉瓷。

（一）青瓷

包括龙泉窑、越窑产品，还有一些未能确定窑口。

1.龙泉窑

器形有碗、盏、盘、炉和瓶等。

（1）碗

有莲瓣碗、敞口碗、侈口碗和夹层碗等。

莲瓣碗

标本 T1④：30，修复器。圆唇，敞口，深曲腹，鸡心底，矮圈足，足墙较薄。灰白色胎，胎质细密。淡青色釉，釉面有疏朗开片，足底有垫烧痕迹，呈火石红色。外壁刻划莲瓣纹，瓣幅较窄，瓣脊略凸。口径 15、足径 4.1、高 6.9 厘米。（图二八，1；彩版六三，1）

标本 T1④：93，腹底部残片。内底平。灰白色胎，胎质细密。青绿色釉，釉面有细碎开片。足径 4.5、残高 4.2 厘米。（彩版六三，2）

标本 T1④：94，腹底部残片。内圜底。灰白色胎，胎质细密。青灰色釉，釉面有疏朗开片，足墙外壁缩釉。足径 3.5、残高 3.3 厘米。（彩版六四，1）

敞口碗

标本 T2④：2，口腹部残片。圆唇，敞口，斜直腹略曲。灰白色胎，胎质细密。

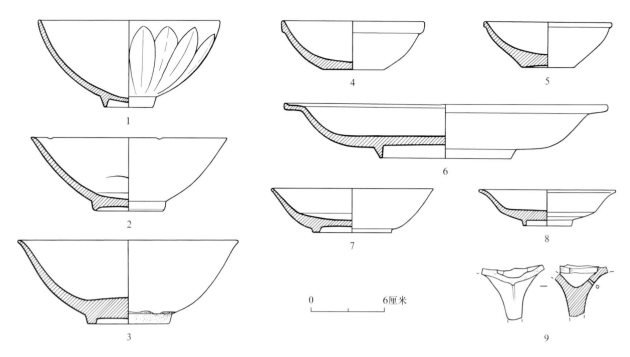

图二八　第4层出土龙泉窑青瓷碗、盘、炉

1.莲瓣碗T1④：30　2.侈口碗T1④：25　3.侈口碗T2④：1　4.盏T1④：40　5.盏T1④：41　6.折沿盘T1④：31　7.敞口盘T1④：34　8.折腹盘T1④：35　9.鬲式炉足T1④：109

灰青色釉。内壁口沿下刻划两周弦纹，内壁刻划卷草纹。口径13.2、残高5.8厘米。（彩版六四，2）

　　侈口碗

　　标本 T1 ④：25，修复器。尖唇，侈（花）口，曲腹，内底压圈，矮圈足。灰褐色胎，胎质细密。青黄色釉，施釉不及底，外壁口沿处缩釉，釉面结砂，有棕眼。底部有垫烧痕迹，呈灰红色。口径16.3、足径6、高5.8厘米。（图二八，2；彩版六五，1）

　　标本 T2 ④：1，修复器。圆唇，侈口，曲腹，内底压圈，矮圈足，足墙较厚。灰褐色胎，胎质细密。青黄色釉，外底心无釉。口径18.3、足径6.8、高6.6厘米。（图二八，3；彩版六五，2）

　　夹层碗

　　标本 T1 ④：114，腹底部残片。底部中间有孔。灰色胎，胎色细密。青灰色釉，施釉不及底。外壁刻划篦划纹。残高3.6厘米。（彩版六四，3）

　　腹底残件

　　标本 T1 ④：42，下腹曲腹，内底压圈，矮圈足。灰色胎，胎质较细。青黄色釉，施釉不及底，釉面结砂，有细碎开片和棕眼。足径5、残高5.5厘米。（彩版六六，1）

　　标本 T1 ④：55，下腹斜直，内底压圈，矮圈足。灰褐色胎，胎质较细。青绿色釉泛黄，施釉不及底。内壁和内底刻划草叶纹和蓖划纹，外壁刻划折扇纹。足径5.6、残高4.4厘米。（彩版六六，2）

（2）盏

凸唇，敞口，浅曲腹，内圜底，外平底。灰褐色胎，胎质细密。

标本 T1④：40，修复器。青灰色釉，外壁口沿以下不施釉。口径11.9、底径5、高3.9厘米。（图二八，4；彩版六七，1）

标本 T1④：41，修复器。外底稍内凹。青黄色釉，施釉不及底。口径10.6、底径4.4、高3.6厘米。（图二八，5；彩版六七，2）

（3）盘

有折沿盘、敞口盘和折腹盘等。

折沿盘

标本 T1④：31，修复器。圆唇，盘口，折沿，浅曲腹，矮圈足，挖足过肩。灰白色胎，胎质细密。粉青色釉，釉面有疏朗开片。足底有垫烧痕迹，呈火石红色。口径26.8、足径10.8，高4.3厘米。（图二八，6；彩版六八，1）

敞口盘

标本 T1④：34，修复器。圆唇，敞口，浅斜直腹略曲，内底压圈，矮圈足，挖足过肩。灰褐色胎，胎质细密。青黄色釉。足底和内底有灰白色叠烧痕迹。口径13.4、足径6.4、高3.5厘米。（图二八，7；彩版六八，2）

折腹盘

标本 T1④：35，修复器。圆唇，口微侈，浅斜折腹，矮圈足。灰褐色胎，胎质略粗。青黄色釉泛灰，釉质较差，施釉不匀，釉面有棕眼和细碎开片。口径11.3、足径4、高2.9厘米。（图二八，8；彩版六八，3）

（4）鬲式炉

标本 T1④：109，炉足残件。灰白色胎，胎质略粗。粉青色釉，釉面有细碎开片。足底有垫烧痕迹，呈紫红色。残高4.2厘米。（图二八，9；彩版六九，1）

（5）瓶

残件。

标本 T1④：110，颈部残片。直颈。灰白色胎，胎质较细。淡青色釉，釉面有疏朗开片。残高4.7厘米。（彩版六九，2）

标本 T1④：111，肩部残片。直颈，斜折肩。灰白色胎，胎质较细。淡青釉泛灰，釉面有疏朗开片。残高3.7厘米。（彩版六九，3）

2.越窑

器形有碗和盘等。

（1）碗

标本 T1④：79，修复器。圆唇，敞口，斜曲腹，内底压圈，矮圈足。灰褐色胎，胎质较粗。青黄色釉泛灰，施釉不及底，釉质较差，剥釉。外壁刻划篦纹。内底心有一圈叠烧痕迹，呈灰白色。口径17.2、足径6.2、高6.1厘米。（图二九，1；彩版七〇，1）

标本 T1④：52，腹底部残片。斜曲腹，矮圈足。灰色胎，胎质细密。青黄色釉，釉面结砂。内底心有垫烧痕迹，呈灰白色。足底有垫烧痕迹，呈火石红色。足径 6.6、残高 5.7 厘米。（彩版七〇，2）

标本 T1④：68，腹底部残片。斜曲腹，内底压圈，矮圈足。灰褐色胎，胎质较粗。青

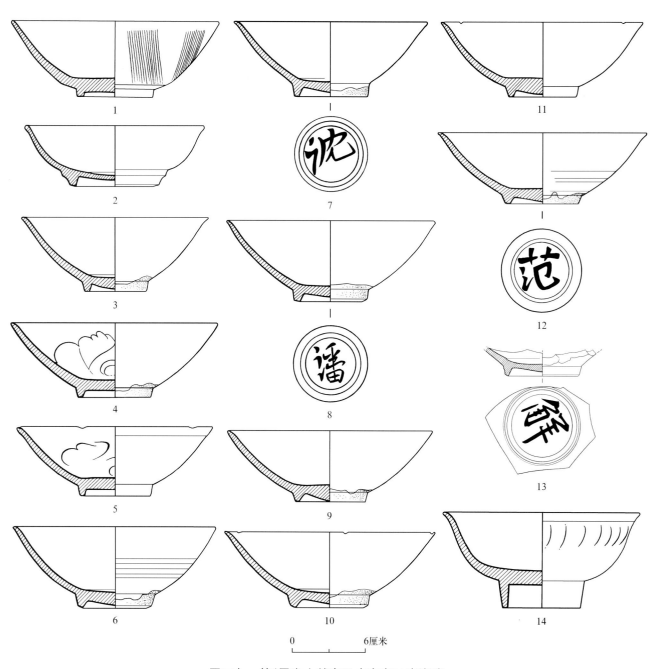

图二九　第4层出土越窑及未定窑口青瓷碗

1.越窑青瓷碗T1④：79　2.未定窑口青瓷敞口碗T1④：32　3.未定窑口青瓷侈口碗T1④：2　4.未定窑口青瓷侈口碗T1④：3　5.未定窑口青瓷侈口碗T1④：10　6.未定窑口青瓷侈口碗T1④：14　7.未定窑口青瓷侈口碗T1④：12　8.未定窑口青瓷侈口碗T1④：13　9.未定窑口青瓷侈口碗T1④：15　10.未定窑口青瓷侈口碗T1④：17　11.未定窑口青瓷侈口碗T1④：23　12.未定窑口青瓷侈口碗T1④：26　13.未定窑口青瓷侈口碗T1④：83　14.未定窑口青瓷高足碗T1④：6

黄色釉泛灰，施釉不及底，釉质较差，剥釉。外壁刻篦纹。内底心有一圈叠烧痕迹，呈灰白色。足径6.5、残高5厘米。（彩版七〇，3）

（2）盘

标本T1④：74，底足残片。矮圈足微外撇。灰色胎，胎质细密。青黄色釉，釉面有细小棕眼。外底有泥条垫烧痕迹，呈灰白色。足径7.3、残高2厘米。（彩版六九，4）

3.未定窑口

器形仅见碗，有敞口碗、侈口碗和高足碗等。

敞口碗

标本T1④：32，修复器。凸唇，斜直腹略曲，内底压圈，矮圈足。灰褐色胎。青黄色釉泛红，施釉不匀，釉质较差，施釉不及底。内壁有泥条叠烧痕迹，呈灰白色。口径14.9、足径7.4、高4.8厘米。（图二九，2；彩版七一，1）

侈口碗

尖唇，斜直腹略曲，内底压圈，矮圈足。灰白色胎，胎质略粗。施釉不及底，釉面积釉，结砂，有棕眼。

标本T1④：1，修复器。青黄色釉泛白。口径16.4、足径6、高5.6厘米。（彩版七二，1）

标本T1④：2，修复器。青黄色釉。口径15.6、足径5.3、高5.9厘米。（图二九，3；彩版七一，2）

标本T1④：3，修复器。青黄色釉。内壁刻划卷草纹。口径17.2、足径6、高5.9厘米。（图二九，4；彩版七二，2）

标本T1④：10，修复器。五出葵口。青黄色釉。内壁刻划卷草纹。口径16.2、足径5.8、高5.5厘米。（图二九，5；彩版七三，1）

标本T1④：12，修复器。灰青色釉泛白。底款墨书"沈"字。口径16、足径6、高6厘米。（图二九，7；彩版七三，2）

标本T1④：13，修复器。灰黄色釉泛白，釉面有褐色斑点。底款墨书"潘"字。口径17.2、足径6.2、高6.4厘米。（图二九，8；彩版七四，1）

标本T1④：14，修复器。青黄色釉泛白，釉色不匀。口径16.8、足径6、高6.4厘米。（图二九，6；彩版七五，1）

标本T1④：15，修复器。青黄色釉。口径17、足径5.8、高5.6厘米。（图二九，9；彩版七四，2）

标本T1④：17，修复器。五出葵口。青灰色釉泛白。口径17.4、足径6.4、高6厘米。（图二九，10；彩版七五，2）

标本T1④：26，修复器。青黄色釉。底款墨书"范"字。口径17.2、足径6、高5.7厘米。（图二九，12；彩版七六，1）

标本T1④：23，修复器。六出葵口。灰黄色釉，釉面有细碎开片。口径16.6、足径5.6、高5.9厘米。（图二九，11；彩版七六，3）

标本 T1 ④：83，底足残片。青灰色釉泛白。底款墨书"鲜"字。足径6.1、残高2.2厘米。（图二九，13；彩版七六，2）

高足碗

标本 T1 ④：6，修复器。圆唇，侈口，曲腹，内底压圈，中高圈足。灰白色胎，胎质略粗。青灰色釉泛白，施釉不及底，外壁口沿下缩釉，釉面结砂，有棕眼。外壁刻划曲线纹。口径16.3、足径6.4、足高2.2、通高7.6厘米。（图二九，14；彩版七七）

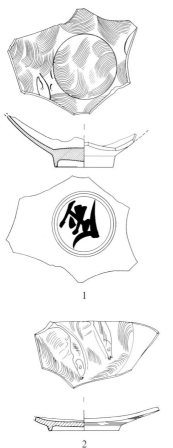

图三〇　第4层出土定窑白瓷碗、盘
1.碗T1④：82　2.盘T1④：21

（二）白瓷

均为定窑产品。器形有碗和盘等。

（1）碗

标本 T1 ④：82，腹底残片。斜腹，内底压圈，矮圈足，挖足较浅。灰白色胎，胎质细密。白色釉泛灰，施釉不及底。内壁和内底印水波纹和鱼纹。底款墨书"金"字。足径4.8、残高4.1厘米。（图三〇，1；彩版七八，1）

（2）盘

标本 T1 ④：21，底足残片。下腹近平直，内底压圈，矮圈足，挖足过肩。灰白色胎，胎质细密。白色釉泛灰。内底印水波纹和双鱼纹。足径5.8、残高1.8厘米。（图三〇，2；彩版七八，2）

（三）青白瓷

主要为景德镇窑产品，也有一些未能确定窑口的。

1.景德镇窑

器形有盘、粉盒、炉和花盆等。

（1）盘

标本 T1 ④：75，腹底部残片。浅斜直腹，矮圈足。白色胎泛灰，胎质细密。青白色釉，外底无釉。内壁和内底刻划折枝莲花纹，外壁刻划缠枝花卉和篦划纹。足径6.2、残高3.5厘米。（彩版七九，1）

（2）粉盒

标本 T1 ④：51，可复原。子口，直腹略曲，平底。白色胎，胎质细密。青白色釉，子口外壁无釉，腹部外壁施半釉，外底无釉。外壁呈菊瓣状。高1.8厘米。（彩版七九，2）

（3）炉

标本 T1 ④：77，腹足残片。圆腹，下腹贴龙首蹄足，足下端上卷。白色胎，胎质细密。青白色釉，足底裹釉，内壁无釉。内腹壁饰一道凹弦纹，外腹壁饰多道凸弦纹。足高5.4、残高8.6厘米。（图三一，1；彩版七九，3）

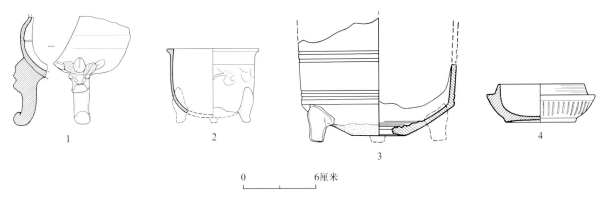

图三一 第4层出土青白瓷炉、花盆、粉盒

1.景德镇窑青白瓷炉T1④：77 2.景德镇窑青白瓷炉T1④：104 3.景德镇窑青白瓷炉形花盆T1④：76 4.未定窑口青白瓷粉盒T1④：39

标本 T1④：104，修复器。窄平折沿，直腹，近底处弧收，底部略下垂，下腹贴三兽蹄形足。白色胎，胎质细密。青白色釉，足底裹釉。外壁口沿下饰一周稍宽的凸弦纹，下腹印卷草纹。口径 7.6、腹径 6.9、足高 2.8、通高 5.9 厘米。（图三一，2；彩版七九，4）

（4）花盆

有炉形花盆和方形花盆。

炉形花盆

均为腹足残片。筒腹，腹壁微斜，内平底略曲，中心下凹，有一圆孔，外底下接三兽蹄形足，足外侧中间出筋。灰白色胎，胎质略粗。釉面有细碎开片，内外壁施釉均不及底。

标本 T1④：48，一足残。青黄色釉泛白，足部施大半釉。外腹壁中间饰一道凸弦纹、近底处饰一道凹弦纹。内孔径 2、外孔径 2.8、足高 3、残高 11.6 厘米。（彩版八〇，1）

标本 T1④：69，存一足。青白色釉，足底裹釉。足高 2.6、残高 4.9 厘米。（彩版八〇，3）

标本 T1④：76，存两足。青白色釉，釉面有少量棕眼，足部大半施釉。外底残留有垫饼痕迹。外腹壁中间和近底处各饰一道凸弦纹。内孔径 2.2、外孔径 2.4、足高 3、残高 9.8 厘米。（图三一，3；彩版八〇，2）

方形花盆

口腹残片。平方唇，直腹略斜，转角近直。外壁周边凸起呈方框状。青白色釉，内壁施釉至口沿下。内壁饰麻布纹。

标本 T1④：64，白色胎，胎质细密。外壁方框内饰珍珠状地纹上模印花卉纹。壁厚 0.5、残高 7.9 厘米。（彩版八一，1）

标本 T1④：117，灰白色胎，胎质略粗。外壁饰一道凸弦纹，模印"卍"字纹和花卉纹。残高 13.8 厘米。（彩版八一，2）

2.未定窑口

器形有粉盒和罐等。

（1）粉盒

标本T1④：39，无盖，子口，内直壁，外壁斜直，平底。灰白色胎，胎质略粗。青灰色釉泛白，子口外壁无釉，外壁施釉不及底。外壁呈菊瓣状。子口径3.6、外口沿径4.6、底径2.9、高1.5厘米。（图三一，4；彩版八一，3）

（2）罐

标本T1④：70，口腹部残件。平唇，直口，溜肩，鼓腹。白色胎，胎质略粗。青白色釉，釉面有细碎开片。内腹壁中间饰一道凹弦纹。残高4厘米。（彩版八一，4）

（四）黑（酱）釉瓷

包括遇林亭窑黑釉盏和未定窑口酱釉瓶等。

1.遇林亭窑

盏

尖唇，束口，深斜直腹，内小圆底近平，矮小圈足，挖足很浅。深褐色胎，胎质略粗。黑色釉，釉面有细密棕眼，外壁施釉至下腹。

标本T1④：36，修复器。口沿处釉呈棕红色。口径10.8、足径3.4、高5.2厘米。（图三二，1；彩版八二，1）

标本T1④：37，修复器。口沿处釉呈棕红色，釉面有棕红色釉斑。口径11.2、足径3.4、高5.2厘米。（图三二，2；彩版八二，2）

2.未定窑口

有韩瓶和双系瓶等。

韩瓶

标本T1④：118，完整。器形不太规整，平唇，敛口，束颈，溜肩，直腹略曲，平底。深褐色胎，胎质略粗。酱色釉，内壁和内底无釉，外壁施釉至颈下。外壁肩部和近底处饰多道凸弦纹。口径7.5、腹径8.9、底径6.3、高24.2厘米。（图三二，3；彩版八三，1）

双系瓶

标本T2④：3，一系残。器形不太规整，圆凸唇，直口，束颈，溜肩，直腹略曲，外平底内凹，颈肩部贴双桥形系。深褐色胎，胎质略粗。酱色釉，施釉不匀，内壁和内外底无釉。内外壁饰多道凸弦纹。口径5、腹径7.4、底径5.2、高13.1厘米。（彩版八三，2）

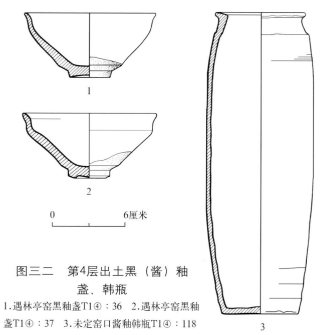

图三二　第4层出土黑（酱）釉盏、韩瓶

1.遇林亭窑黑釉盏T1④：36　2.遇林亭窑黑釉盏T1④：37　3.未定窑口酱釉韩瓶T1④：118

第三节　第3层出土遗物

包括陶质建筑构件、陶器和瓷器等。

一　陶质建筑构件

有板瓦、重唇板瓦、筒瓦、瓦当、鸱吻、悬鱼和砖雕等。

（1）板瓦

标本 T1 ③：51，稍残。泥质灰陶，质地略粗。瓦内面饰麻布纹和压印纹。长 24 厘米，大头残宽 18.4、厚 1.5 厘米，小头残宽 14.2、厚 1.2 厘米。（图三三，1；彩版八四，1）

（2）重唇板瓦

标本 T6 ③：2，泥质灰陶，质地略粗。唇面呈上下两层，上层饰叶脉纹，下层粘长条形花边滴水，瓦内面饰麻布纹和压印纹。残长 15.1、残宽 15.8、厚 1.7 厘米，唇端残宽 14.3、唇面宽 4、唇厚 2.8 厘米。（图三三，2；彩版八四，2）

（3）筒瓦

横截面呈半圆形，大头有舌。瓦内面饰麻布纹。泥质灰陶，质地略粗。

标本 T1 ③：52，稍残。瓦内面麻布纹稍粗，横刻三道较浅的凹槽。唇部残留有铁钉痕迹。长 26、厚 1.5 厘米，大头宽 14.2、厚 2.9 厘米，舌长 3.6、宽 10.2−11、厚 1.1−1.5 厘米，小头宽 12.8、厚 1.4 厘米。（图三三，4；彩版八四，4）

标本 T1 ③：53，残件。瓦内面麻布纹稍细，中间刻一道较深的凹槽，横刻两道凹槽，其一较深。瓦背残留有铁钉痕迹。长 31.2、厚 1.8 厘米，大头残宽 12.3、厚 2.9 厘米，舌长 2.7、宽 9、厚 1.3 厘米，小头残宽 12.2、厚 1.4 厘米。（图三三，3；彩版八四，3）

（4）瓦当

标本 T1 ③：68，残件。泥质灰陶。当面模印一朵莲花，花蕊外有十个凸莲瓣。当径 14.4、当缘宽 1.2 厘米，残长 6 厘米。（彩版八四，5）

（5）鸱吻

标本 T1 ③：54，残存鸱吻的上颚部分。泥质灰陶。凸眼，曲眉，鼻头上卷，圆筒状冠，后端有龙鳞，龙角已残。中空，壁厚 1−2 厘米。残长 21、残高 17、残宽 15 厘米。（彩版八五，1）

标本 T1 ③：55，角部残件。泥质灰陶。残长 20、残高 13.5、厚 7.2 厘米。

标本 T1 ③：56，角部残件。泥质灰陶。残长 13、残高 7、厚 1.5−3 厘米。

标本 T1 ③：57，尾部残件。泥质灰陶。模印叶片状鳞，尾端刻凸线纹。残长 13、残宽 8.9 厘米。（图三三，5；彩版八五，2）

（6）悬鱼

标本 T1 ③：58，稍残。长扁形，外形似鱼，鱼眼处钻圆孔。泥质灰陶，质地细密坚致。

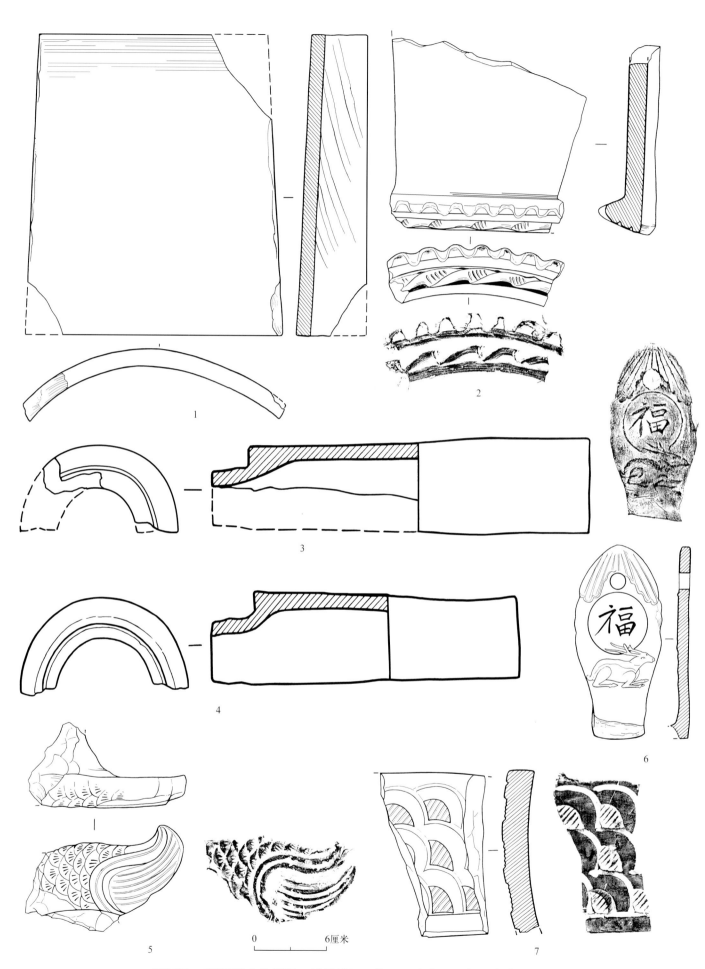

图三三　第3层出土陶板瓦、重唇板瓦、筒瓦、鸱吻、悬鱼、砖雕

1.板瓦T1③：51　2.重唇板瓦T6③：2　3.筒瓦T1③：53　4.筒瓦T1③：52　5.鸱吻T1③：57　6.悬鱼T1③：58　7.砖雕T1③：59

一侧磨平，一侧鱼口部刻放射状弦纹，腹部刻圆形弦纹，中间刻"福"字款，尾部刻卧鹿。长 15.4、最宽 7.4、厚 1 厘米。（图三三，6；彩版八五，3）

（7）砖雕

标本 T1③：59，残件。泥质灰陶，质地细腻。一侧刻扇形纹，内刻弦纹。残长 8.6、残宽 13.2、厚 2.2 厘米。（图三三，7；彩版八六，1）

（8）建筑构件饰件残件

泥质灰陶，质地细腻。

标本 T1③：60，残件。弯圆柱形。一侧刻一道凹槽。残长 14 厘米。（彩版八六，2）

标本 T1③：61，残件。弯圆柱形。一侧刻鱼鳞状纹饰。残长 9 厘米。（彩版八六，3）

二　陶器

灯

标本 T6③：36，残存灯盏。平唇，直口，直腹，高足。泥质灰陶，质地细腻。口径 8、盏高 4.6、残高 6 厘米。（图三四；彩版八六，4）

图三四　第3层出土
陶灯T6③：36

三　瓷器

按釉色可分为青瓷、白瓷、青白瓷和黑（酱）釉瓷等。

（一）青瓷

包括南宋官窑、龙泉窑、越窑和汝窑产品，还有少量未能确定窑口的青瓷残片。

1.南宋官窑

仅出土 1 片瓶肩部残片。厚胎厚釉，釉为多次釉。

标本 T1③：63，溜肩。黑色胎，胎质略粗，较坚致。粉青色釉，外壁釉面有少量棕眼，釉面有疏朗开片。肩部饰三道凸弦纹。残高 7.2 厘米。（彩版八七）

2.龙泉窑

器形有碗、盘、碟、高足杯、研钵、洗和炉等。

（1）碗

有莲瓣碗、敞口碗和侈口碗等。

莲瓣碗

标本 T1③：2，修复器。圆唇，敞口，斜曲腹，内底压圈，矮圈足，挖足较深。灰白色胎，胎质细密。青灰色釉，施釉不及底。外壁刻划莲瓣纹，瓣幅较宽，有浅浮雕感。足底有垫烧痕迹，呈火石红色。口径 15.8、足径 5.2、高 6.1 厘米。（图三五，1；彩版八八，1）

标本 T1③：34，残件。斜直腹，内底压圈，矮圈足，足墙较厚。灰褐色胎，胎质略粗。青黄色釉，施釉不及底，外底有垫烧痕迹。外壁刻划莲瓣纹。足径 6、残高 4.8 厘米。（图三五，2；彩版八八，2）

标本 T1③：37，残件。曲腹，内底压圈，矮圈足。灰白色胎，胎质略粗。淡青色釉泛灰，施釉不及底，釉面有棕眼。外壁刻划莲瓣纹。足径 5.9、残高 4.3 厘米。（图三五，3；彩版八八，3）

敞口碗

标本 T3③：1，修复器。凸唇，近直腹，内圜底，矮圈足略高。灰白色胎，胎质略粗。

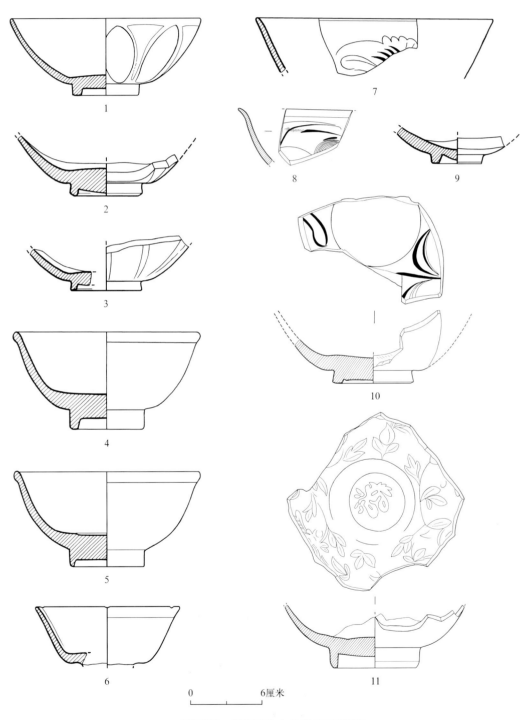

0　　　　　　6厘米

图三五　第3层出土龙泉窑青瓷碗

1.莲瓣碗T1③：2　2.莲瓣碗T1③：34　3.莲瓣碗T1③：37　4.敞口碗T3③：1　5.敞口碗T3③：2　6.敞口碗T6③：21
7.侈口碗T6③：8　8.侈口碗T6③：10　9.腹底残件T1③：13　10.腹底残件T6③：6　11.腹底残件T3③：9

青绿色釉，釉面有疏朗开片。外底不施釉。口径15.6、足径6、高7.7厘米。（图三五，4；彩版八九，1）

标本T3③：2，修复器。凸唇，近直腹，内圜底，矮圈足略高。灰白色胎，胎质略粗。淡青色釉，釉面有细碎开片。内底心刮釉，外底不施釉，外底粘垫饼痕迹。口径15.6、足径6、高7.6厘米。（图三五，5；彩版九〇，1）

标本T6③：21，口沿残片。圆唇，葵口，斜直腹。灰白色胎，胎质略粗。淡青色釉。口径12、残高4.6厘米。（图三五，6；彩版八九，2）

侈口碗

标本T6③：8，口沿残片。圆唇，口部微侈，曲腹。灰白色胎，胎质细密。青绿色釉。内壁刻划卷草纹。口径19.4、残高2.2厘米。（图三五，7；彩版九〇，2）

标本T6③：10，口沿残片。圆唇，侈口，曲腹。灰白色胎，胎质略粗。浅青绿色釉。内壁刻划草叶纹和篦划纹。残高4.5厘米。（图三五，8；彩版九〇，3）

腹底残件

标本T1③：13，矮小圈足，鸡心底。灰白色胎，胎质粗疏。青绿色釉，釉面有细碎开片。足底有垫烧痕迹，呈火石红色。足径4.2、残高2.8厘米。（图三五，9；彩版九一，1）

标本T6③：6，斜直腹，内底压圈，矮圈足，挖足较浅。灰色胎，胎质细密。青灰色釉，施釉不及底，釉面有疏朗开片。内壁刻划草叶纹。足径7.2、残高5.9厘米。（图三五，10；彩版九一，2）

标本T3③：9，矮圈足略高，挖足较深。灰白色胎，胎质略粗。青绿色釉，施釉不及底，釉面有细碎开片。内底心刻划花卉纹，内壁刻划花草纹。内底心刮釉一周，外底心有垫饼痕迹，呈火石红色。足径6.8、残高5厘米。（图三五，11；彩版九一，3）

（2）盘

有敞口盘和折沿盘等。

敞口盘

标本T1③：3，修复器。圆唇，敞口，浅曲腹，上腹略斜直，矮圈足。灰白色胎，胎质细密。青绿色釉。内壁、内底刻划水草和花卉纹，外壁口沿刻划一周变形回纹，腹部刻划如意开光纹。足底有垫烧痕迹，呈火石红色。口径19.5、底径8.2、高5厘米。（图三六，1；彩版九二，1）

折沿盘

标本T3③：6，修复器。圆唇，盘口，折沿，斜直腹略曲，内底心略鼓，矮圈足，挖足过肩。灰白色胎，胎质细密。青绿色釉，釉面有细碎开片。内壁刻划菊瓣纹。外底有垫饼痕迹，呈火石红色。口径23.8、足径6.4、高5.8厘米。（图三六，2；彩版九二，2）

（3）敞口折腹碟

标本T1③：10，修复器。圆唇，敞口，斜直腹近底处斜折，内底压圈，矮圈足。深灰

色胎，胎质细密。灰青色釉，施釉不及底，外壁剥釉。口径9.6、足径4、高2.7厘米。（图三六，3；彩版九三，1）

标本T6③：3，可复原。圆唇，敞口，斜直腹，近底处平折，内底压圈，矮圈足。灰

图三六　第3层出土龙泉窑青瓷盘、碟、高足杯、研钵、折沿洗、炉

1.敞口盘T1③：3　2.折沿盘T3③：6　3.敞口折腹碟T1③：10　4.敞口折腹碟T6③：3　5.高足杯T3③：14　6.研钵T6③：1　7.折沿洗T3③：5
8.夜式炉T1③：4　9.夜式炉炉足T1③：27　10.弦纹炉T6③：33

褐色胎，胎质略粗。青黄色釉，釉面有细碎开片。内底刻划篦划纹。圈足至底部垫烧露胎，呈灰褐色。口径11.4、底径4.4、高3.3厘米。（图三六，4；彩版九三，2）

（4）高足杯

标本T3③：14，残件。杯部内底心略鼓，高圈足微外撇。灰白色胎，胎质略粗。青绿色釉泛黄，釉面有细碎开片，施釉不及底。足径4.2、足高4.3、残高6.6厘米。（图三六，5；彩版九三，3）

（5）研钵

标本T6③：1，修复器。斜平唇，敞口微内敛，斜直腹略曲，内圜底，矮假圈足。深灰色胎，胎质细密。浅青灰色釉，内壁施釉至口沿下侧，外壁施釉不及底。外壁刻划莲瓣纹，瓣叶上刻划篦划纹。口径12.4、足径4.2、高6.2厘米。（图三六，6；彩版九三，5）

（6）折沿洗

标本T3③：5，敞口，折沿，浅斜直腹，近底处平折，矮圈足。灰白色胎，胎质细密。青绿色釉，外壁施釉不及底。内底心刮釉，内底心有垫烧痕迹。口径12.4、足径5.4、高3.6厘米。（图三六，7；彩版九三，4）

（7）炉

有奁式炉和弦纹炉等。

奁式炉

标本T1③：4，可复原。筒腹，内平底稍下塌，云头形足，外底部有矮圈足。灰白色胎，胎质略粗。淡青色釉，上腹部饰三道凸弦纹，下腹近底处饰两道凸弦纹。圈足底有垫烧痕迹，呈火石红色。残高7.2厘米。（图三六，8；彩版九四，1）

标本T1③：27，炉足残件。云头形足。深灰色胎，胎质细密。青灰色釉。足底有垫烧痕迹。足高2.2厘米。（图三六，9；彩版九四，2）

弦纹炉

标本T6③：33，残件。平唇，直口，筒腹。灰白色胎，胎质略粗。淡青色釉，釉面有疏朗开片。外腹中部饰一道宽凸弦纹。残高5厘米。（图三六，10；彩版九四，3）

3.越窑

器形有侈口碗和杯等。

（1）侈口碗

标本T1③：1，可复原。侈口，斜直腹，矮圈足，挖足较深。灰色胎，胎质细密。青黄色釉，不透明，釉面有细碎开片。外壁刻划竖线纹和凹弦纹。内底心和足底有垫烧痕迹，呈火石红色。口径17.7、足径7.5、高6.6厘米。（图三七，1；彩版九五，1）

（2）杯

标本T6③：25，底足残件。矮圈足外撇。香灰色胎，胎质细腻致密。青灰色釉，釉色匀净。外底残留有垫烧痕迹，呈灰白色。足径5、高1.8厘米。（图三七，2；彩版九五，2）

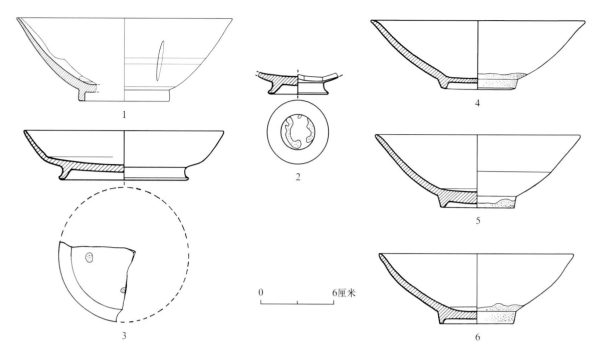

图三七　第3层出土青瓷碗、杯、盘

1.越窑青瓷侈口碗T1③：1　2.越窑青瓷杯T6③：25　3.汝窑盘T3③：7　4.未定窑口青瓷侈口碗T1③：5　5.未定窑口青瓷侈口碗
T1③：6　6.未定窑口青瓷侈口碗T1③：9

4.汝窑

盘

标本 T3 ③：7，可复原。敞口，浅直腹略曲，近底处斜折，矮圈足外撇，挖足过肩。香灰色胎，胎质细密。青灰色釉，釉色匀净。外底残留两处支钉痕迹，呈灰白色。口径16.4、足径10.6、高3.9厘米。（图三七，3；彩版九六）

5.未定窑口

（1）侈口碗

标本 T1 ③：5，修复器。尖唇，斜直腹略曲，内底压圈，矮圈足。灰白色胎，胎质略粗。青黄色釉泛白，施釉不及底，釉面有棕眼，口沿处积釉。口径17.7、足径6、高5.6厘米。（图三七，4；彩版九七，1）

标本 T1 ③：6，修复器。尖唇，斜直腹略曲，内底压圈，矮圈足，鸡心底。灰白色胎，胎质略粗。青黄色釉泛白，施釉不及底，釉面有棕眼，内底缩釉。口径16.8、足径6、高5.7厘米。（图三七，5；彩版九七，2）

标本 T1 ③：9，修复器。尖唇，斜直腹略曲，内底压圈，矮圈足，鸡心底。灰白色胎，胎质略粗。青黄色釉泛白，施釉不及底，釉面结砂，下腹部缩釉。口径16、足径6、高5.6厘米。（图三七，6；彩版九七，3）

（2）炉

标 T6 ③：32，口沿残片。平唇，直口，直腹。灰白色胎，胎质略粗。青黄色釉泛白，釉面有棕眼和灰褐色斑点。外壁颈部和内壁腹部各饰一道稍宽的凸弦纹。残高 5.3 厘米。

（3）残件

标本 T1③：29，足部残片。中高圈足。灰黑色胎，胎质细密。青黄色釉泛白，施釉不及底，釉面有棕眼。足部外壁侧刻竖棱。足底有垫烧痕迹，呈火石红色。足径 5.9、残高 2.9 厘米。（彩版九七，4）

（二）白瓷

均为定窑产品，器形有碟等。白色胎，胎体很薄，胎质细密。白色釉闪黄，釉面光亮。纹饰以花草纹为主，基本为印花，印花纹饰略凸起，有浅浮雕感。

（1）碟

标本 T1③：21，可复原。尖唇，花口外敞，斜直腹，近底处略曲，平底。内壁压印呈花瓣状，内底印莲荷纹。高 2.5 厘米。（图三八，1；彩版九八，1）

（2）不明器形

均为残片。

标本 T1③：24，内壁印山茶花纹。残片长 7.8、宽 4.9 厘米。（图三八，3；彩版九八，2）

标本 T1③：28，内壁印花卉纹。残片长 5.6、宽 4 厘米。（图三八，2；彩版九八，3）

标本 T1③：32，内壁印花卉纹。残片长 5.9、宽 4.4 厘米。（彩版九八，4）

（三）青白瓷

均为景德镇窑产品，器形有碗、高足杯、炉和罐等。

（1）碗

白色胎，胎质细密。

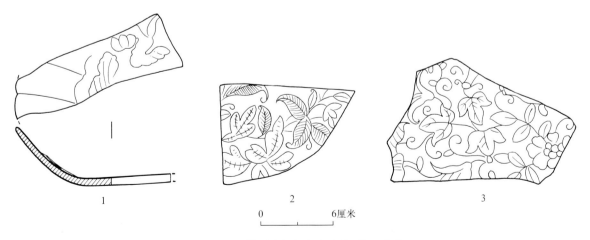

0　　　　　6厘米

图三八　第3层出土定窑白瓷碟、残片
1.碟T1③：21　2.残片T1③：28　3.残片T1③：24

标本 T1③：11，修复器。尖唇，敞口微敛，曲腹，内底压圈，矮假圈足，外底心稍内凹。青白色釉，施釉不及底，釉面有少量棕眼。内壁下腹部印菊花纹。口径 13、足径 4.5、高 3.9 厘米。（图三九，1；彩版九九，1）

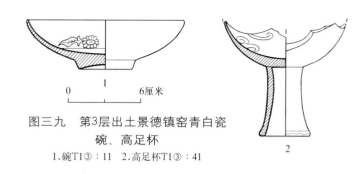

图三九　第3层出土景德镇窑青白瓷碗、高足杯

1.碗T1③：11　2.高足杯T1③：41

标本 T1③：12，底部残片，圈足残缺。内底压圈。胎质略粗。青白色釉，施釉不及底，外壁与足墙交接处积釉泛青。内底心戳印"酒"字款，款外饰一周花边纹。外底心有一周垫烧痕迹。残高 1.5 厘米。（彩版九九，2）

标本 T1③：15，腹底残片。曲腹，内圜底，矮小圈足，鸡心底。青白色釉，施釉不及底，外壁与足墙交接处积釉呈青色。内壁和内底划折枝荷叶纹。足径 3.3、残高 2.9 厘米。（彩版九九，3）

（2）高足杯

标本 T1③：41，残件。曲腹，高圈足微外撇。白色胎，胎质细密。青白色釉，施釉不及底。内壁印花卉纹。足底有垫烧痕迹。足径 4.2、足高 5.5、残高 9 厘米。（图三九，2；彩版一〇〇，1）

（3）炉

残件。灰白色胎，胎质略粗。

标本 T1③：31，底足残片。平底下凹，兽蹄形足。青白色釉泛黄，内底无釉，釉面有细碎开片，开片线呈金黄色。外壁近底处饰两道凸弦纹。残高 6 厘米。（彩版一〇〇，2）

标本 T1③：42，底足残片。平底内凹，兽蹄形足。青白色釉泛灰，内壁下腹部和内底无釉，釉面有细碎开片。外壁近底处饰两道凸弦纹。残高 5.8 厘米。（彩版一〇〇，3）

（4）罐

残件。白色胎，胎质细密。青白色釉。

标本 T1③：22，内壁饰弦纹，外壁堆贴纹饰并印变形回纹。残片长 3.5、宽 2.8 厘米。（彩版一〇〇，4）

标本 T6③：31，残留一桥形耳。内壁饰弦纹，外壁耳旁印变形回纹。残片长 5.3、宽 3.4 厘米。（彩版一〇〇，5）

（5）不明器形

残件。白色胎，胎质细密。青白色釉。

标本 T1③：26，内壁无釉，外壁模印草叶纹。残片长 7.2、宽 3.6 厘米。

标本 T1③：33，外壁模印草叶纹，刻划篦划纹。残片长 5.1、宽 4.6 厘米。（彩版一〇〇，6）

（四）酱黑釉瓷

均未能确定窑口。仅见灯盏，器形不规整。凸唇，敞口，斜直腹，平底略内凹。酱黑色釉，施釉不均匀，大部分露胎，呈灰红色。

标本 T1 ③：43，口径约 10.6、足径约 3.6、高 3.6 厘米。（图四〇，1；彩版一〇一，1）

标本 T2 ③：1，口径约 11.2、足径约 3.9、高 3.8 厘米。（图四〇，2；彩版一〇一，2）

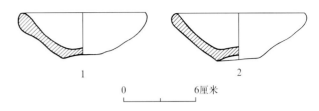

图四〇　第3层出土未定窑口酱黑釉灯盏
1.T1③：43　2.T2③：1

第四节　水井出土遗物

水井中仅出土 3 件龙泉窑青瓷，器形有碗和盘。

（1）碗

标本 SJ：3，底部残片。曲腹，内圜底，内底心压圈，矮圈足，鸡心底。灰色胎，胎质略粗。青绿色釉泛灰，施釉不及底，釉面有细碎开片。足径 5.1、残高 5.8 厘米。（图四一，1；彩版一〇二，1）

（2）盘

标本 SJ：1，底足残片。内底压圈，隐圈足略高，圈足微内敛，外底心圆形内凹。灰

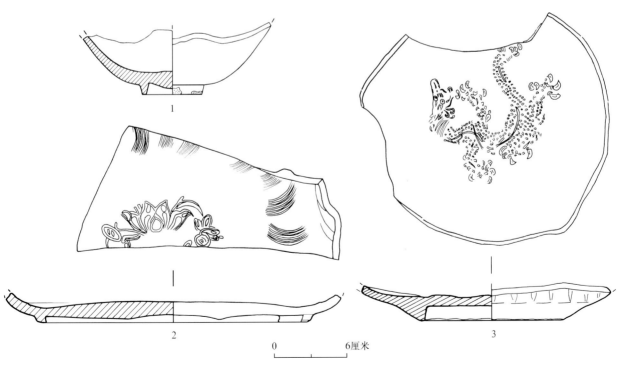

图四一　水井出土龙泉窑青瓷碗、盘
1.碗SJ：3　2.盘SJ：2　3.盘SJ：1

白色胎，胎质细密。青绿色釉，外壁釉面有缩釉现象。内底模印龙纹，外壁刻划折扇纹。足底有一圈垫烧痕迹，呈火石红色。外壁残留有三处镶补的铁钉痕迹。足径11.7、残高2.9厘米。（图四一，3；彩版一〇二，3）

标本SJ：2，底部残片。内底压圈，矮圈足较大，足墙较厚微内敛，外底心圆形内凹。灰白色胎，胎质细密。青绿色釉。内底心模印牡丹纹，内底近壁处刻划篦划纹。外底有一圈垫圈垫烧痕迹，呈火石红色。足径22.5、残高2.1厘米。（图四一，2；彩版一〇二，2）

第五节　第2层出土遗物

第2层出土遗物包括陶质建筑构件、瓷器、铜钱和石质遗物等。

一　陶质建筑构件

有重唇板瓦、鸱吻、套兽和蹲兽等。

（1）重唇板瓦

均为唇部残件。泥质灰陶，质地细腻。唇面压印叶脉纹。

标本T1②：142，瓦内面饰麻布纹和压印纹。残长11.6厘米，重唇端残宽19.6、厚1.2厘米，唇宽3.4、厚1.5厘米。（图四二，1；彩版一〇三，1）

标本T1②：125，瓦内面饰麻布纹和压印纹。残长6.4厘米，重唇端残宽9.1、厚2厘米，唇宽4.4、厚1.6厘米。（图四二，2；彩版一〇三，2）

标本T1②：126，瓦内面和唇面泛红。残长5.8厘米，重唇端残宽8.7、厚1.5厘米，唇宽3.7、厚1.5厘米。（彩版一〇三，3）

（2）鸱吻

泥质灰陶，质地细腻。

标本T1②：128，头部和上颚残件。顶部和牙齿外侧刻凸线纹，鳞片模印成轮辐状。残长16、残高13厘米。（图四二，3；彩版一〇四，1）

标本T1②：129，尾部残件。鳞片模印成轮辐状。残长11.4、残宽9.8厘米。（图四二，4；彩版一〇四，2）

（3）套兽

标本T1②：36，完整。泥质灰陶，质地细腻。外形呈龙头状，套口略呈半椭圆形，套内残留有石灰痕迹。长16.8厘米，套口端长9.6、最宽7.6厘米，壁厚1、套深13.2厘米。（图四二，5；彩版一〇四，4）

（4）蹲兽

标本T1②：130，凤凰残件。泥质灰陶，质地细腻。套口略呈圆形，羽毛和爪均为模印。套内残留有石灰痕迹。残高10.2、残长10.1厘米，套口径7.5、壁厚0.6-1.4厘米。（图四二，6；彩版一〇四，3）

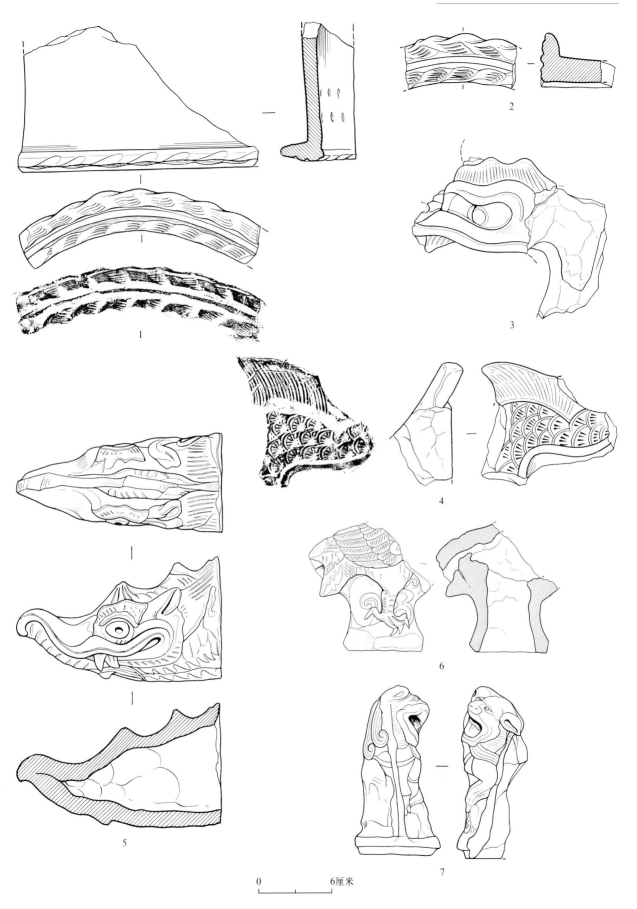

0　　　　　6厘米

图四二　第2层出土陶重唇板瓦、鸱吻、套兽、蹲兽

1.重唇板瓦T1②：142　2.重唇板瓦T1②：125　3.鸱吻T1②：128　4.鸱吻T1②：129　5.套兽T1②：36　6.蹲兽T1②：130　7.蹲兽T1②：131

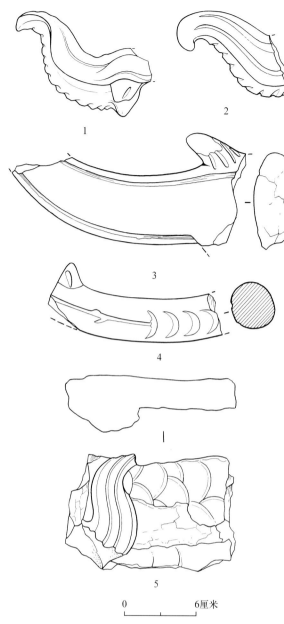

图四三　第2层出土陶建筑构件饰件残件
1.T1②：132　2.T1②：133　3.T1②：134　4.T1②：135
5.T1②：136

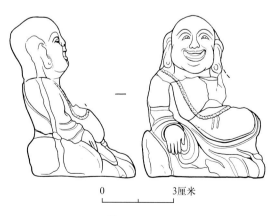

图四四　第2层出土陶塑T1②：138

标本 T1②：131，狮子残件。泥质陶，砖红色。高 6.8、套口壁厚 0.9 厘米。（图四二，7；彩版一〇五，1）

（5）建筑构件饰件残件

均为泥质灰陶，质地细腻。

标本 T1②：132，残长 11.4 厘米。（图四三，1；彩版一〇五，2）

标本 T1②：133，残长 10 厘米。（图四三，2；彩版一〇五，3）

标本 T1②：134，残长 19.2 厘米。（图四三，3；彩版一〇五，4）

标本 T1②：135，残长 14.2 厘米。（图四三，4；彩版一〇五，5）

标本 T1②：136，残长 14、残宽 9.2 厘米。（图四三，5；彩版一〇六，1）

标本 T1②：137，残长 9.4、残宽 9.1 厘米。（彩版一〇六，2）

二　陶塑

弥勒佛像

标本 T1②：138，残件。泥质陶，质地细腻。砖红色。高 6.5 厘米。（图四四；彩版一〇六，3）

三　瓷器

按釉色可分为青瓷、青白（卵白）瓷、白瓷、黑釉瓷和青花瓷等。

（一）青瓷

主要为龙泉窑系青瓷，也有一些铁店窑产品，还有部分未能确定窑口。

1.龙泉窑

器形有碗、盘、碟、高足杯、折沿洗、炉、瓶、鸟食盏、壶和碾棒等。

（1）碗

有莲瓣碗、敞口碗、侈口碗和敛口碗等。

莲瓣碗

标本 T1②：3，修复器。圆唇，敞口，浅曲腹，内底压圈，矮圈足，足墙较厚，挖足较浅。浅灰色胎，胎质细密。青绿色釉泛黄，施釉不及底。外壁刻划莲瓣纹，瓣幅较宽。足底有垫烧痕迹。口径16、足径5.8、高4.4厘米。（图四五，1；彩版一〇七，1）

标本 T1②：4，修复器。圆唇，敞口，深曲腹，矮圈足，足墙较厚，鸡心底。灰白色胎，胎质细密。青绿色釉。外壁刻划莲瓣纹，瓣幅较窄，瓣脊略凸。足底有垫烧痕迹，呈火石红色。口径17.2、足径4.4、高6.9厘米。（图四五，2；彩版一〇七，2）

标本 T1②：88，残件。圆唇，束口，斜曲腹。灰白色胎，胎质略粗。淡青色釉。内壁刻划卷草纹，外壁刻划莲瓣纹，瓣幅较窄，瓣脊略凸。口径12、残高4.5厘米。（图四五，3；彩版一〇七，3）

敞口碗

标本 T1②：1，修复器。凸唇，深曲腹，矮圈足。灰褐色胎，胎质粗疏。青灰色釉，施

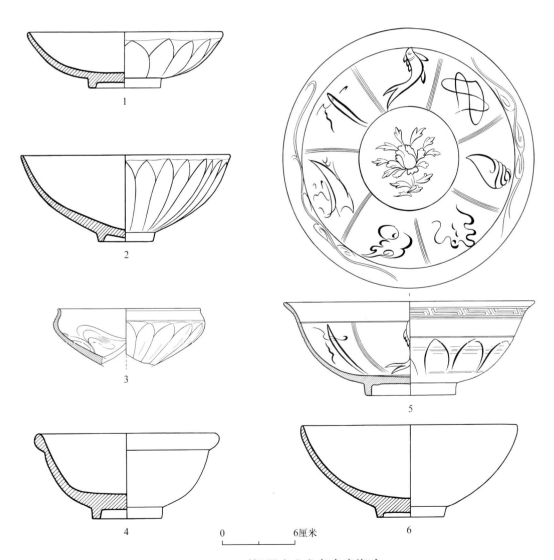

图四五　第2层出土龙泉窑青瓷碗
1.莲瓣碗T1②：3　2.莲瓣碗T1②：4　3.莲瓣碗T1②：88　4.敞口碗T1②：1　5.侈口碗T1②：2　6.敛口碗T1②：6

釉不及底，釉面有大量棕眼。内底刮釉，露胎处呈火石红色。足底有垫烧痕迹。口径15.1、足径5.8、高6.8厘米。（图四五，4；彩版一○七，4）

侈口碗

标本T1②：2，修复器。侈口，深曲腹，内圜底，矮圈足，挖足较深。灰白色胎，胎质略粗。青绿色釉，施釉不及底。内壁刻划卷云纹、凹弦纹、水生动物纹和水草纹，内底饰牡丹纹；外壁口沿下刻划变形回纹，下腹部刻划多道弦纹和莲瓣纹。足底有垫烧痕迹，外底露胎呈砖红色。口径20.8、足径7.6、高7.5厘米。（图四五，5；彩版一○八）

敛口碗

标本T1②：6，修复器。口沿微敛，曲腹，内圜底，矮圈足。灰白色胎，胎质细密。淡青色釉，施釉不及底。足底呈灰褐色。口径18、足径5.6、高7.3厘米。（图四五，6；彩版一○七，5）

（2）盘

有敞口盘和侈口盘等。

敞口盘

标本T1②：8，修复器。敞口，凸唇，浅曲腹，矮圈足。灰色胎，胎质略粗。青绿色釉。内底心刻划纹饰。内外底心刮釉。口径14、足径8、高4厘米。（图四六，1；彩版一○九，1）

标本T1②：13，修复器。敞口，凸唇，浅曲腹，矮圈足。灰色胎，胎质略粗。青绿色釉泛黄，施釉不及底，釉面有棕眼。内外底心刮釉。口径13.4、足径5.6、高3厘米。（图四六，2；彩版一○八，2）

标本T3②：3，修复器。敞口，凸唇，浅曲腹，矮圈足。灰褐色胎，胎质略粗。青绿色釉，釉面有细碎开片。内外底心刮釉。口径12.6、足径7.4、高3.6厘米。（图四六，3；彩版一○九，3）

标本T3②：4，修复器。敞口，凸唇，浅曲腹，矮圈足。

图四六　第2层出土龙泉窑青瓷盘、碟

1.敞口盘T1②：8　2.敞口盘T1②：13　3.敞口盘T3②：3　4.敞口盘T3②：4

5.侈口盘T1②：11　6.碟T1②：7

灰褐色胎，胎质略粗。青绿色釉，釉面有细碎开片。内外底心刮釉。口径12.4、足径7、高3.4厘米。（图四六，4；彩版一一〇，1）

侈口盘

标本T1②：11，修复器。花口外侈，浅曲腹，矮圈足。灰白色胎，胎质细密。青绿色釉，施釉不及底。内壁口沿刻划弦纹和草叶纹。口径13、足径6.4、高3.2厘米。（图四六，5）

（3）碟

标本T1②：7，修复器。敛口，浅曲腹，矮圈足。灰白色胎，胎质略粗。青绿色釉。内底印草叶纹。外底刮釉一周，露胎呈砖红色。口径11.4、足径6.8、高3厘米。（图四六，6；彩版一一〇，2）

（4）高足杯

标本T1②：9，修复器。侈口，浅曲腹，高圈足微外撇。灰白色胎，胎质细密。青绿色釉。内壁腹部刻划一周弦纹，内底刻划荷花纹。足底有垫烧痕迹，露胎呈砖红色。口径12、足径4、足高4、通高8.8厘米。（图四七，1；彩版一一一，1）

标本T1②：97，杯部残片。侈口，折腹，上腹斜直，下腹曲收。灰白色胎，胎质略粗。青绿色釉。内壁口沿刻划卷草纹，外壁上腹部刻划缠枝花卉纹，下腹部刻划菊瓣纹。口径13.4、残高5厘米。（图四七，2；彩版一一一，2）

（5）折沿洗

标本T1②：10，修复器。侈口，宽折沿，斜直腹，内底压圈，矮圈足，挖足较深。灰白色胎，胎质细密。青绿色釉，釉面有细碎开片和棕眼。外壁刻划莲瓣纹，瓣幅较窄，瓣脊略凸。足底有垫烧痕迹，呈火石红色。口径12.6、足径5.2、高4.3厘米。（图四七，3；彩版一一二，1）

（6）炉

底足残片。

标本T1②：64，装饰性兽蹄形足接地，外平底稍内凹。灰白色胎，胎质略粗。青绿色釉，内壁、内底、外底不施釉，足底裹釉。下腹部近底处饰一道凸弦纹。残高2.6厘米。（彩版一一二，2）

标本T1②：79，平底，兽头蹄形足。灰色胎，胎质较粗。青绿色釉，足底裹釉，内、外底心刮釉。外底饰两道凸弦纹。残高5厘米。（图四七，4；彩版一一二，3）

（7）瓶

标本T1②：90，底部残片。矮圈足。灰白色胎，胎质较细密。青绿色釉，釉面有疏朗开片。外壁饰瓜棱状纹饰。足底有垫烧痕迹，呈火石红色。足径7.7、残高6.6厘米。（图四七，5；彩版一一三，1）

标本T1②：99，颈肩部残片。直颈，溜肩，曲腹。灰白色胎，胎质略粗。青绿色釉，内壁不满釉。内壁近口处饰多道弦纹，外壁肩部饰一道凸弦纹。腹径8.3、残高10.7厘米。（图四七，6；彩版一一三，2）

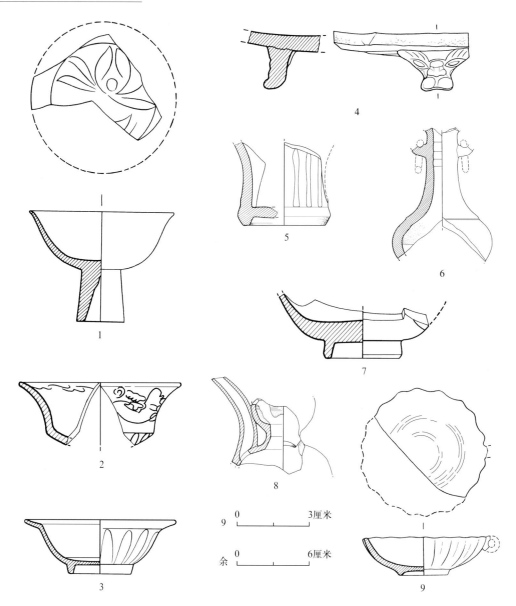

图四七　第2层出土龙泉窑青瓷高足杯、折沿洗、炉、瓶、壶、鸟食盏
1.高足杯T1②：9　2.高足杯T1②：97　3.折沿洗T1②：10　4.炉足T1②：79　5.瓶T1②：90　6.瓶T1②：99
7.瓶T1②：139　8.壶T1②：124　9.鸟食盏T1②：14

　　标本 T3②：139，底部残片。曲腹，矮圈足，足墙较厚。灰白色胎，胎质略粗。青绿色釉，施釉不及底，釉面有疏朗开片和棕眼。足底有垫烧痕迹。足径6.4、残高5厘米。（图四七，7）

　　（8）鸟食盏

　　标本 T1②：14，修复器，耳残。器呈菊瓣状敞口，平唇，斜曲腹，环形耳，矮小圈足。灰白色胎，胎质细密。淡青色釉。外壁刻划至唇部的花瓣纹。足底有垫烧痕迹，呈火石红色。口径5.1、足径2、高1.5厘米。（图四七，9；彩版一一三，3）

　　（9）壶

　　标本 T1②：124，残件，流部完整。葫芦形。灰白色胎，胎质略粗。青绿色釉，外壁釉

色匀净，内壁施釉不均。残高 7.7 厘米。（图四七，8；彩版一一四，1）

（10）碾棒

标本 T1 ②：101，残件。柱状，横截面呈不等边的八边形，底部呈圆形。灰白色胎，胎质略粗。青绿色釉，施半釉。底径 2.4、残长 5.8 厘米。（彩版一一四，2）

2.铁店窑

器形有敛口碗和盘等。

（1）敛口碗

标本 T1 ②：121，修复器。口部微敛，斜直腹较浅，内圜底，矮圈足，挖足较深，足墙较厚。灰褐色胎，胎质较粗。青灰色釉泛紫，釉色不匀，外壁施半釉。内底有一圈灰白色叠烧痕迹。口径 18.4、足径 9、高 5.4 厘米。（图四八，1；彩版一一五，1）

（2）盘

敞口，浅斜曲腹，矮圈足，足墙较厚。灰褐色胎，胎质较粗。青灰色釉泛紫，釉色不匀，外壁施半釉。内底有一圈灰白色叠烧痕迹。

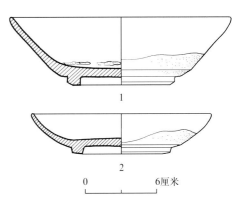

图四八　第2层出土铁店窑敛口碗、盘
1.敛口碗T1②：121　2.盘T1②：118

标本 T1 ②：12，修复器。口径 14、足径 7.4、高 3.1 厘米。（彩版一一五，2）

标本 T1 ②：118，修复器。口径 15、足径 8.2、高 3.2 厘米。（图四八，2；彩版一一五，3）

3.未定窑口

（1）碗

有敞口碗和侈口碗等。

敞口碗

标本 T1 ②：116，修复器。圆唇，斜直腹，矮圈足，内底心圆形下凹。灰色胎，胎质较粗。灰青色釉，内底心刮釉一周，外壁施釉至下腹部。口径 11、足径 5.4、高 3.7 厘米。（图四九，1；彩版一一六，1）

侈口碗

标本 T1 ②：22，修复器。尖唇，斜直腹略曲，内底压圈，矮圈足。灰色胎，胎质略粗。青黄色釉泛灰，施釉不及底，釉面有棕眼。口径 17.4、足径 6、高 5.4 厘米。（图四九，3；彩版一一六，2）

标本 T1 ②：123，修复器。圆唇，斜直腹略曲，内底压圈，矮圈足。灰色胎，胎质略粗。青黄色釉，施釉不及底，釉面有棕眼，外壁釉面缩釉。口径 16、足径 6、高 5.8 厘米。（彩版一一六，3）

标本 T1 ②：23，修复器。圆唇，斜曲腹，矮圈足，足墙较厚。灰褐色胎，胎质较粗。灰青色釉泛紫，釉色不匀，内底心刮釉一周，外壁施釉不及底。口径 16、足径 4.8、高 5.9

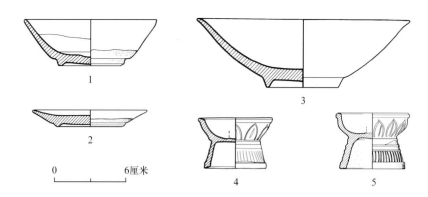

图四九　第2层出土未定窑口青瓷碗、碟、灯盏
1.敞口碗T1②：116　2.碟T1②：20　3.侈口碗T1②：22　4.灯盏T1②：18　5.灯盏T1②：45

厘米。（彩版一一六，4）

（2）碟

标本T1②：20，可复原。敞口，斜直腹，矮圈足。灰色胎，胎质较粗。灰青色釉，施釉不及底，内底心刮釉一周。口径9.6、足径5.6、高1.4厘米。（图四九，2；彩版一一七，1）

（3）灯盏

盏内底心残留灯芯管痕迹。敞口，平唇，斜直腹，中高圈足。白色胎泛黄，胎质较粗。青黄色釉泛白，釉面有细碎开片。足部施釉不及底。盏外壁刻莲瓣纹，足外壁与盏底连接处饰凸弦纹，弦纹下竖刻一周棱状凸起。

标本T1②：18，灯芯管残。口径6、足径5.2、足高2.1、通高4厘米。（图四九，4；彩版一一七，3）

标本T1②：45，盏和灯芯管残。口径6、足径6.3、足高2.4、通高4.4厘米。（图四九，5；彩版一一七，2）

（二）青白（卵白）瓷

主要为景德镇窑系产品，器形有碗、盘、高足杯、炉和瓷塑等。

（1）碗

标本T1②：52，腹底残片。下腹斜直，内底压圈，矮圈足，挖足很浅，足墙较厚。白色胎，胎质细密。青白色釉，施釉不及底。足径5.1、残高3.4厘米。（图五〇，1；彩版一一八，1）

（2）盘

白色胎，胎质细密。

标本T1②：16，修复器。侈口，斜直腹，矮圈足。卵白釉，釉面有棕眼。口径19.8、足径11.2、高4.1厘米。（图五〇，2；彩版一一九，1）

标本T1②：70，底部残片。下腹斜直，矮圈足，挖足很浅，足墙较厚。青白色釉，施釉不及底。内底心模印纹饰。足径4.7、残高1.9厘米。（图五〇，5；彩版一一九，2）

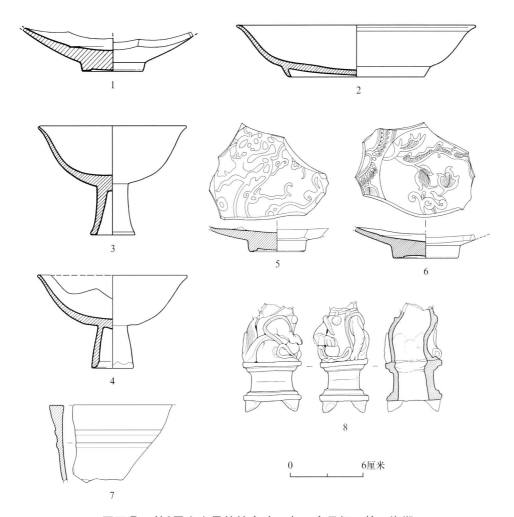

图五〇　第2层出土景德镇窑碗、盘、高足杯、炉、瓷塑
1.青白釉碗T1②：52　2.卵白釉盘T1②：16　3.青白釉高足杯T1②：17　4.青白釉高足杯T1②：60
5.青白釉盘T1②：70　6.青白釉盘T1②：104　7.青白釉炉T1②：56　8.青白釉狮子T1②：19

标本 T1②：104，底部残片。下腹斜直，矮圈足，挖足很浅，足墙较厚。青白色釉，施釉不及底。内底和内壁印草叶纹。足径 5.5、残高 2.6 厘米。（图五〇，6；彩版一一九，3）

（3）高足杯

侈口，曲腹，高圈足。白色胎，胎质细密。青白色釉，施釉不及底，釉面有棕眼。

标本 T1②：17，修复器。口径 12.2、足径 4、足高 3.6、通高 8.6 厘米。（图五〇，3；彩版一一八，2）

标本 T1②：60，可复原。口径 12.2、足径 3.4、足高 3.4、通高 7.4 厘米。（图五〇，4；彩版一一八，3）

（4）炉

标本 T1②：56，残件。平唇，直口，直腹。白色胎泛灰，胎质略粗。青黄色釉泛白，釉面有细碎开片。外壁饰两道凸弦纹。残高 6.2 厘米。（图五〇，7；彩版一二〇，1）

（5）瓷塑

狮子

标本 T1 ②：19，头部残缺。后足蹲坐在底座上，颈下系一项铃，两前足一足抵底座，一足按一绣球，绣球上连有绳索，绳索缠绕在狮身上，狮尾紧贴狮背。底座为长方形须弥座，下底接四钉状足，中空。白色胎，胎质细密。青白色釉。施釉不及底。底径 4.1×4.6、底座高 4、残高 8.7 厘米。（图五〇，8；彩版一二〇，3）

（三）白瓷

仅见定窑盘残片。

标本 T1 ②：145，底部残片。平底，浅圈足。白色胎，胎体很薄，胎质细密。白色釉闪黄，釉面光亮。内壁、内底印花纹饰，内壁纹样不辨，内底印穿花凤纹，纹饰略凸起，有浅浮雕感。残高 0.7 厘米。（彩版一二〇，2）

（四）黑釉瓷

未能确定窑口。器形仅见灯盏。

标本 T1 ②：29，可复原。敞口，凸唇，曲腹，隐圈足。灰黑色胎，胎质粗疏。黑色釉，外壁施釉不及底，釉面有棕眼。口径 10.4、足径 3、高 3.9 厘米。（图五一，1；彩版一二一，1）

标本 T1 ②：117，可复原。敞口，凸唇，斜直腹，假圈足。灰褐色胎，胎质粗疏。

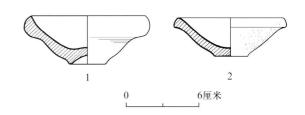

图五一　第2层出土未定窑口黑釉灯盏
1.T1②：29　2.T1②：117

黑色釉，外壁不施釉。口径 8.4、足径 2.8、高 3 厘米。（图五一，2；彩版一二一，2）

（五）青花瓷

器形主要有碗、盘、轿瓶和器盖等。

（1）碗

腹底残片。矮圈足。白釉泛青。

标本 T1 ②：30，挖足过肩。白色胎泛灰，胎质略粗。内底心绘菊花纹，外壁纹饰不明。施釉不及底，足底有垫烧痕迹。足径 7.2、残高 2.8 厘米。（彩版一二二，1）

标本 T1 ②：105，曲腹，挖足过肩。白色胎，胎质细密。内底心绘兽纹和云纹，外壁绘花卉纹，近足处绘一周变形回纹。外底心书"慎友鼎玉珍玩"款。足底有垫烧痕迹。足径 6.2、残高 6.7 厘米。（彩版一二二，2）

标本 T1 ②：107，挖足较深。白色胎，胎质细密。内底心绘缠枝花卉纹。外底心书"大明宣德年制"款。足径 4.7、残高 1.1 厘米。（彩版一二三，1）

标本 T1 ②：108，挖足较深。白色胎，胎质细密。内底心绘花卉纹。外底心书"大清雍

正年制"款。足径 3.4、残高 1.3 厘米。(彩版一二四，1)

标本 T1 ②：111，白色胎，胎质细密。内底心绘动物纹。外底心书"大明成化年制"款。足径 5、残高 2.2 厘米。(彩版一二三，2)

(2) 盘

盘底残片。矮圈足。白色釉泛青。

标本 T1 ②：44，敞口，斜直腹。白色胎，胎质略粗。内底心绘缠枝西番莲纹，内口沿绘一周纹饰，外壁绘花草纹。外底心假字篆书"大清乾隆年制"款。足径 8.2、高 2.2 厘米。(彩版一二五，1)

标本 T1 ②：109，矮圈足。白色胎，胎质细密。内底心绘梧桐叶，叶旁书"梧桐一叶落／天下尽皆秋"。足径 5.1、高 1.8 厘米。(彩版一二四，2)

(3) 轿瓶

标本 T1 ②：42，下腹部残片。扁腹，一侧平直，一侧略鼓，矮长方形足。白色胎，胎质细密。白色釉泛青。平直腹一面无纹饰，其他三面均绘花草纹。足边长 5×2.4、残高 7.9 厘米。(彩版一二五，2)

(4) 器盖

标本 T1 ②：59，残片。子口。白色胎，胎质细密。白色釉泛青。盖外壁绘缠枝花卉纹。盖径 13.4、高 4.2 厘米。(彩版一二五，3)

四 铜钱

标本 T1 ②：150，"顺治通宝"。对读。直径 2.8 厘米。

标本 T1 ②：151，"康熙通宝"。对读。直径 2.8 厘米。

五 石质遗物

(1) 石权

3 个。半圆球状，顶部穿孔。均为青石质，表面粗糙。

标本 T1 ②：37，完整，重约 1000 克。高 7.8、底径 10 厘米。(图五二，1；彩版一二六，1)

标本 T1 ②：38，完整，重约 550 克。底部粘有两块小铁片。高 6.8、底径 8 厘米。(图五二，2；彩

图五二 第2层出土石权、石砚
1.石权T1②：37 2.石权T1②：38 3.石权T1②：39 4.石砚T1②：40

版一二六，2)

标本 T1 ②：39，稍残，重约 585 克。高 5.4、底径 8.8 厘米。（图五二，3；彩版一二六，3)

（2）石砚

标本 T1 ②：40，完整。砚池较浅，石质细腻。长 12.5、宽 8.3、厚 1.5 厘米，砚池深 0.2-0.7 厘米。（图五二，4；彩版一二六，4)

第六节　采集遗物

采集遗物①以青瓷为主，另外有黑釉瓷、青花瓷和石质遗物及瓦当等建筑构件。

一　陶质建筑构件

瓦当

标本采：63，残件。泥质灰陶，质地细腻。当面模印菊花纹。当径 12.7、残长 2.1、当缘宽 2 厘米。

二　瓷器

按釉色可分为青瓷、青白瓷、黑（酱）釉瓷和青花瓷等。

（一）青瓷

包括龙泉窑和越窑产品。

1.龙泉窑

器形有碗、折腹盘和镂空器等。

（1）碗

有莲瓣碗和敞口碗等。

莲瓣碗

标本采：2，修复器。圆唇，侈口，斜曲腹，矮圈足，足墙较厚，挖足较浅。灰白色胎，胎质细密。青绿色釉，外壁刻划莲瓣纹，瓣幅较宽。足底垫烧露胎，呈灰褐色。口径 18.4、足径 6.4、高 7.2 厘米。（图五三，1；彩版一二七，1)

标本采：3，修复器。圆唇，敞口，深曲腹，矮圈足略高，足墙较厚，挖足过肩，鸡心底。灰白色胎，胎质细密。淡青色釉，外壁釉面开片细密，内壁釉面开片疏朗。外壁刻划莲瓣纹，瓣脊凸出。足底垫烧露胎，呈火石红色。口径 22.7、足径 6.5、高 11.2 厘米。（图五三，2；彩版一二七，2)

① 正式发掘前该遗址的地表经过平整，且整个基建用地南半部因施工已发掘至山体，地表散落有较多不同历史时期的遗物。在发掘过程中，对地表散落的遗物进行了采集。

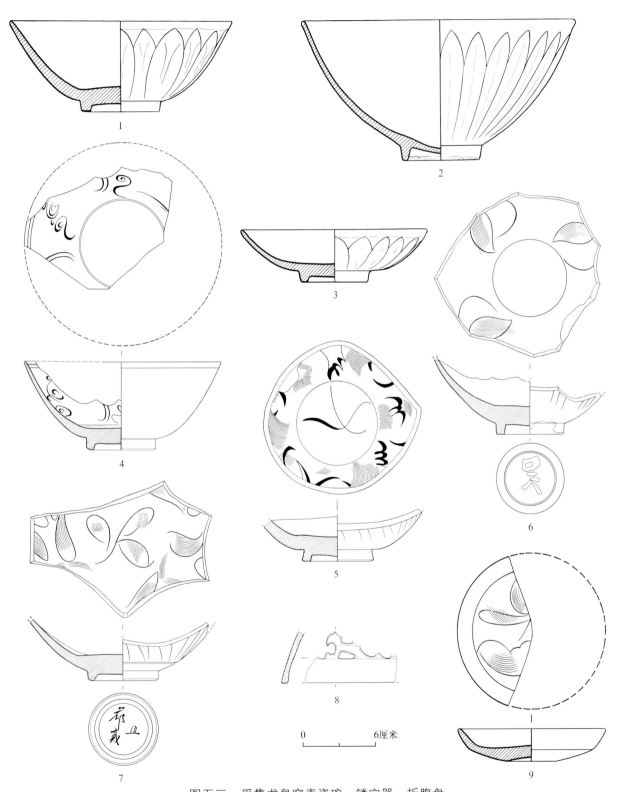

图五三　采集龙泉窑青瓷碗、镂空器、折腹盘

1.莲瓣碗采：2　2.莲瓣碗采：3　3.莲瓣碗采：4　4.敞口碗采：1　5.碗残件采：21　6.碗残件采：17　7.碗残件采：66

8.镂空器采：34　9.折腹盘采：5

标本采：4，修复器。圆唇，敞口，浅曲腹，矮圈足，足墙较厚，挖足较浅。灰白色胎，胎质细密。青绿色釉，外底部无釉。外壁刻划莲瓣纹。足底垫烧露胎，呈火石红色。口径15.2、足径5.2、高4.2厘米。（图五三，3；彩版一二八，1）

敞口碗

标本采：1，修复器。圆唇，敞口，深曲腹，矮圈足，足墙较厚，挖足较浅。灰白色胎，胎质细密。青灰色釉，外底无釉。内壁刻划卷草纹。足底垫烧露胎，呈灰褐色。口径16.2、足径5.8、高7.1厘米。（图五三，4；彩版一二八，2）

残件

标本采：21，曲腹，矮圈足，足墙较厚，挖足较深。深灰色胎，胎质较粗。青黄色釉，有细碎开片，施釉不及底，内底有支钉痕迹。内壁刻划草叶纹和篦划纹，外壁刻划折扇纹。外底墨书"吴"字款。足径5.6、残高6厘米。（图五三，5；彩版一二九，1）

标本采：17，矮圈足，足墙较厚，挖足较深。灰色胎，胎质较粗。青灰色釉，外底无釉。内壁刻划卷草和篦划纹，外壁刻划折扇纹。足底刮釉，有垫烧痕。底款有墨书，字迹不清。足径5.9、残高4.1厘米。（图五三，6；彩版一二九，2）

标本采：66，矮圈足，足墙较厚，挖足较深。灰色胎，胎质细密。青绿色釉，外底心不施釉。内壁刻划草叶和篦划纹，外壁刻划折扇纹。底款墨书"邓二"字款。足径6、残高4.8厘米。（图五三，7；彩版一二九，3）

（2）折腹盘

标本采：5，修复器。圆唇，敞口，折腹，平底稍内凹。灰白色胎，胎质细密。青绿色釉，施釉不及底。内壁刻划荷叶纹和篦划纹。底部露胎呈火石红色。口径12.7、底径4、高2.6厘米。（图五三，9；彩版一二九，4）

（3）镂空器

标本采：34，残片。深灰胎，胎质细密。青灰色釉，底部刮釉。残高4厘米。（图五三，8；彩版一二九，5）

2.越窑

器形有碗、瓶和酒台子等。

（1）碗

有敞口碗和侈口碗等。

敞口碗

标本采：8，修复器。敞口，浅曲腹，矮圈足，挖足过肩。灰褐色胎，胎质细密。青灰色釉，不透明。内底有一圈灰褐色垫烧点痕。口径14.2、足径6.4、高4厘米。（图五四，1；彩版一三〇，1）

标本采：9，修复器。敞口，斜直腹，矮圈足，足墙较厚，挖足过肩。灰色胎，胎质细密。青色釉泛黄，不透明，施釉至下腹，釉面有少量棕眼。内壁近底处有灰褐色垫烧点痕。口径16.4、足径7.2、高5.8厘米。（图五四，2；彩版一三〇，2）

标本采：10，修复器。敞口，斜直腹，矮圈足稍高，足墙较厚，挖足稍深。灰色胎，胎

图五四 采集越窑青瓷碗、瓶、酒台子

1.敞口碗采：8 2.敞口碗采：9 3.敞口碗采：10 4.敞口碗采：11 5.侈口碗采：12 6.酒台子采：13 7.瓶采：14

质细密。青色釉泛黄，不透明，釉面有少量棕眼。内底有·圈灰褐色垫烧点痕。口径 16.8、足径 7.2、高 5.9 厘米。（图五四，3；彩版一三〇，3）

标本采：11，修复器。敞口，斜直腹，内圜底，矮圈足，足墙较厚，挖足较浅。灰色胎，胎质细密。青灰色釉，不透明。口径 18.2、足径 8、高 7 厘米。（图五四，4；彩版一三一，1）

侈口碗

标本采：12，修复器。侈口，六出葵口，斜直腹略曲，矮圈足，足墙较厚，挖足过肩。灰色胎，胎质细密。青色釉泛黄，不透明，釉面有少量棕眼。外壁与葵口对应各竖刻一道线纹。足底部釉色局部泛红，有泥条垫烧痕。口径 15、足径 6、高 6.1 厘米。（图五四，5；彩版一三一，2）

（2）瓶

标本采：14，修复器。圆唇，敞口，长颈，溜肩，鼓腹，矮圈足，挖足较深。灰褐色胎，胎质细密。青灰色釉，不透明。外壁肩、腹部刻划莲瓣纹，瓣上刻划篦划纹。外底无釉，有泥条垫烧痕。口径6.8、足径6.6、高18.3厘米。（图五四，7；彩版一三二，1）

（3）酒台子

标本采：13，修复器。浅盘口，折沿，沿唇微凸，折腹，高圈足微外撇，底部中心有一近圆形孔，内底孔径1.2、外底孔径1.6厘米。灰色胎，胎质细密。青灰色釉，不透明，釉面有少量棕眼。外底孔周边有泥条垫烧痕。圈足底刻六出葵口，外壁与葵口对应各竖刻一道线纹。口径12.4、足径7.2、高4厘米。（图五四，6；彩版一三二，2）

（二）青白瓷

景德镇窑产品。器形有碗、炉、灯盏和瓷塑等。

（1）碗

标本采：54，底部残片。曲腹，矮圈足稍高，挖足较浅。白色胎泛灰，胎质细密。青白色釉，足墙外壁积釉泛青。外底心有垫饼痕迹。足径6.1、残高4.2厘米。（图五五，1；彩版一三三，1）

（2）炉

标本采：56，口沿残片。尖唇，折沿，敞口，束颈，折肩，曲腹。白色胎泛灰，胎质细密。青白色釉，肩部积釉泛青，有细碎开片，内部施釉不及底。外壁口沿下和肩部各饰一道凸弦纹。残高4.6厘米。（图五五，2；彩版一三三，2）

标本采：57，炉足残片，云头足。白胎泛灰，胎质较粗。青白色釉，有细碎开片。外侧刻卷云纹。残高5.2厘米。（图五五，4；彩版一三三，4）

（3）灯盏

标本采：58，足部残片。高圈足。灰色胎，胎质较粗。青白色釉泛黄，有细碎开片。施釉不及底。足径4.6、残高2.6厘米。（图五五，3；彩版一三三，3）

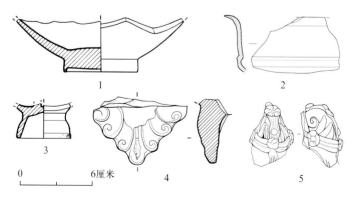

图五五　采集景德镇窑青白瓷碗、炉、灯盏、瓷塑
1.碗采：54　2.炉采：56　3.灯盏采：58　4.炉采：57　5.瓷塑采：68

（4）瓷塑

标本采：68，残件，疑为动物塑像。灰白色胎，胎质粗疏。青白色釉，内部不施釉。残长5.1、残高3.5厘米。（图五五，5；彩版一三三，5）

（三）黑（酱）釉瓷

有建窑斗笠碗和未定窑口灯盏。

1.建窑

斗笠碗

标本采：6，修复器。敞口微外撇，斜直腹，近底处稍曲，小圈足较矮，足墙较厚，挖足很浅。黑灰色胎，胎质略粗。黑色釉，口沿处略呈棕色，外壁近底处和圈足不施釉，釉面有少量棕眼。口径12.8、足径4、高4.8厘米。（图五六，1；彩版一三四，1）

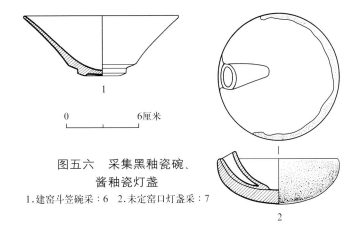

图五六　采集黑釉瓷碗、
酱釉瓷灯盏

1.建窑斗笠碗采：6　2.未定窑口灯盏采：7

2.未定窑口

灯盏

标本采：7，完整。直口微敛，曲腹近口处略直，圆底，紧贴内壁有一注水管，腹部中空与注水管连通。管长约4.5厘米，管口略呈椭圆形，短径1.2、长径1.9厘米。黑灰色胎，胎质略粗。酱黑色釉，局部有褐色斑点，釉面有少量棕眼。大部分口沿、外壁和外底无釉，露胎呈紫砂色。口径10、高4.2厘米。（图五六，2；彩版一三四，2）

（四）青花瓷

器形有碗和盘等。

（1）碗

标本采：15，腹底残片。腹部近底处稍曲，矮圈足略高，挖足较深。灰色胎，胎质较粗。青白色釉，青花发色灰暗。内底心饰六边形纹饰。内底刮釉一周，足底无釉。足径7.1、残高3.2厘米。（彩版一三五，1）

（2）盘

标本采：64，残件。圆唇，敞口，折沿，浅斜直腹，平底，内底心凸起。白色胎，胎质细密。青白色釉，外底无釉。折沿上和内底心饰青花纹饰。口径13.9、高1.6厘米。（彩版一三五，2）

三　石质遗物

刻石

标本采：80，残件。石灰岩质。刻字面磨制光滑平整，另一面凹凸不平。残长约11.5、

图五七　采集刻石采：80

残宽约34.4、厚约2.3厘米。残存竖刻十四行文字，字体为楷体（图五七；彩版一三六）。
录文如下：

……□……

……聞□①……

……□欲寬之□……

……□臣又釋然面□……

……惟忠免刺面配海……

……□之全臺合奏徑……

……□②王夔不義之□……

……□敢奏行臣若□……

……□本心惟欲從恕□……

……□奏有曰不斬惟……

……□③惟知感激……

……□之賜

……臣之説正是與□……

……知尔

---

① 疑为"奏"字。
② 疑为"取"字。
③ 疑为"臣"字。

第五章　结　语

第一节　年代与性质

一　地层堆积的年代与性质

根据各地层内出土遗物的年代，可大致推断地层堆积的年代。

第1层堆积主要为碎水泥块、碎砖瓦等现代建筑废弃物，基本不见其他包含物，其性质为吴庄工地建设前平整土地时的堆积和现代废弃物堆积。

第2层堆积中的包含物有石器、陶器和瓷器等，其中瓷器有青花瓷、青瓷、青白瓷、黑釉瓷和白瓷等。其包含遗物未见清代以后的。基本情况如下：

（1）出土的青花瓷数量不多，见有康熙时期的碗，外底心书"大明成化年制"（标本T1②：111）、"大明宣德年制"（标本T1②：107）仿款，或"慎友鼎玉珍玩"（标本T1②：105）、"玩玉"（标本T1②：112）等堂名款[1]，也有"梧桐一叶落，天下尽皆秋"盘（标本T1②：109）；雍正时期"大清雍正年制"碗（标本T1②：108）；乾隆时期的轿瓶（标本T1②：42）、器盖（标本T1②：59）、盘（标本T1②：44）等。

（2）龙泉窑青瓷占较大比例，器类比较丰富，见有碗、夹层碗、高足杯、碟、折沿洗、炉、瓶、鸟食盏、壶、器盖和碾棒等。时代跨度比较大：如莲瓣碗T1②：4，器型、纹饰均与史绳祖和叶梦登妻潘氏墓出土的龙泉窑青瓷莲瓣碗[2]相类，为南宋中晚期的产品；盘T1②：3、4、8，器型、纹饰均与龙泉东区大白岸窑址群出土的四型Ⅲ式盘相类（BY24T5采：10、15，BY24T5③：4等），应为元代产品；莲瓣碗T1②：1，器型、纹饰均与龙泉东区源口窑址群出土的六型Ⅰ式（EY16y1下：3、EY16y2下：3等）的碗相类，应为元代晚期或明代早期产品。

---

[1] 参见耿宝昌《明清瓷器鉴定》表五《明清瓷器堂名（其他）款一览表》，紫禁城出版社，1993年版。

[2] 衢州市文管会《浙江衢州市南宋墓出土器物》，《考古》1983年第11期；浙江省博物馆《浙江纪年瓷》，文物出版社，2000年版，图版219。

（3）有少量越窑青瓷、铁店窑青瓷、黑釉瓷、景德镇窑青白瓷和定窑白瓷，多具宋元时期同类瓷器特征。如青白瓷瓷塑狮子 T1 ②：19，造型、釉色、胎质均与内蒙古集宁路出土的青白釉连座戏球狮子相类，应为元代产品。

（4）包含物中见有两枚清代铜钱，分别为"顺治通宝"（标本 T1 ②：150）和"康熙通宝"（标本 T1 ②：151）。

水井叠压在第 2 层下，包含物共有 3 件，全部为龙泉窑青瓷，包含遗物的年代在元末明初。具体情况如下：

碗 SJ：3，器型与龙泉东区源口窑址群出土的二型 VI 式碗（EY16T2 ④：3）相类，但釉色暗淡，胎质略粗疏，应为元代晚期产品；盘 SJ：1，器型与龙泉东区大白岸窑址群出土的二型 IV 式盘（BY24T5 ②：8）相类，装饰方式采用了模印，应为元代晚期产品；盘 SJ：2，器型、装饰方式、纹样与龙泉东区大白岸窑址群出土的四型 III 式盘（BY24 采：9）相类，但其装烧工艺与明早期龙泉窑产品接近，时代应在元代晚期至明代初年。

第 3 层堆积中的包含物有陶器和瓷器等，其中瓷器有青瓷、白瓷、青白瓷和酱釉瓷等。其包含遗物没有晚于元代晚期的。基本情况如下：

（1）青瓷仍为出土物的大宗，其中以龙泉窑青瓷为主，有部分青黄色或青灰色釉、釉色不匀、胎质略粗的青瓷出土，还见有少量南宋官窑和越窑青瓷。

龙泉窑青瓷器类比较丰富，有碗、高足杯、盘、碟、研钵、洗、炉和瓶等。胎体多厚重，以灰白色为主，胎质比较致密；釉色以青灰、青绿色为主，另有少量淡青、青黄色釉；装饰技法仅见刻划，但纹饰的题材除以莲瓣纹为主外，还见有各种花卉花草纹，装饰部位既有外壁、内壁、内底，也有内外壁均有的。时代跨度也比较大：如碾钵 T6 ③：1，器型、纹饰及施釉部位均与龙泉东区山头窑址群 II 式细碾钵（BY13T1 ①：48）、大白岸窑址群的 II 式细碾钵（BY24T2 ⑤：31）相类，时代应在北宋末至南宋中期之间；莲瓣碗 T1 ③：2，器型、纹饰均与龙泉东区大白岸窑址群的三型 I 式碗（BY24T3 ②：4、8）相类，应为南宋中晚期产品；敞口碗 T3 ③：2，器型与龙泉东区大白岸窑址群的一型 VII 式碗相类，应为元代产品；如意开光纹盘 T1 ③：3，器型与龙泉东区源头窑址群的五型 III 式盘（EY16CH22：9）相类，应为元代中期产品；盘 T3 ③：6，器型与龙泉东区大白岸窑址群的三型 V 式盘（BY24T5 采：18）相类，时代应不晚于元代晚期；而鸡心底碗（标本 T1 ③：13）、高足杯（标本 T3 ③：14）更是元代的典型器物。

（2）有少量白瓷和青白瓷出土。白瓷均为白色胎，胎体很薄，胎质细密，白色釉泛黄。纹饰以花草纹为主，装饰技法以印花为主，印花纹饰略凸起，有浅浮雕感，具有明显金代定窑产品特征。

青白瓷器形有碗、高足杯、炉和罐等，其中见有鸡心底碗和饼足碗，大部分釉色青白泛黄，装饰技法有刻划、模印和堆贴等形式，纹饰以花卉纹为主，也有变形回纹等纹样，釉面多有开片，具有明显南宋或元代景德镇窑青白瓷产品特征。如碗底残片 T1 ③：12，采用戳印文字的装饰方式，釉色白釉泛青，与景德镇湖田窑的第四期产品^①相类，应为南宋早中期产品；高足杯 T1 ③：41，器型、釉色与景德镇湖田窑的 A 型 II 式高足杯相类，应为元代早中期产品；碗 T1 ③：11，器型，特别足部造型与景德镇湖田窑的 B 型 II 式饼足碗（96B·T2 ③ C：1）相类，应为元代中晚期产品。

第 4 层堆积中的包含物有陶器和瓷器等，其中瓷器有青瓷、白瓷、青白瓷、黑釉瓷和酱釉瓷等。其包含遗物的年代没有晚于元代早期的。基本情况如下：

（1）出土青瓷仍以龙泉窑青瓷为主，见有少量越窑青瓷，另有较多侈口、鸡心底、灰白色胎、胎质略粗、釉色不匀、呈青黄色或青灰色、釉面聚釉、结砂、有棕眼，碗底多有墨书款的青瓷碗出土。

龙泉青瓷器形有碗、盏、盘、炉、瓶和花盆等。胎色以灰白色为主，有部分灰或灰褐色，胎质大多比较细密；釉色比较匀净，以青灰、青绿为主，见有淡青、青黄色；装饰技法均为刻划法，纹饰多见于碗、盘内壁。外壁刻划的莲瓣纹，瓣幅较窄，瓣脊略凸，如莲瓣碗 T1 ④：30、93、94，器型、纹饰、装烧方式均与龙泉东区大白岸窑址群的三型 II 式碗（BY24T1 ③：7）和史绳祖墓出土的龙泉窑青瓷莲瓣碗^②相类，应为南宋末年产品；鬲式炉足 T1 ④：109，造型、胎色、釉色与吴奥墓出土鬲式炉^③相类，应为南宋末年产品；侈口碗 T1 ④：25、T2 ④：1，器型与龙泉东区源口窑址群的五型 I 式碗（EY16T2 ④：2）相类，但腹壁略斜直，时代应在南宋末年至元代早期之间。

（2）出土白瓷很少，器形仅见碗和盘，胎色灰白，胎质细密，白釉泛灰，内底或内壁印水波双鱼纹，具有金代晚期定窑产品特征。如碗 T1 ④：82，造型与装饰方式与江西吉水张重四墓出土印缠枝菊花纹碗^④相类，碗 T1 ④：82 和盘 T1 ④：21 的鱼纹与张同之妻章氏墓出土印双鱼纹碗^⑤的鱼纹相类，应为金晚期产品。

（3）出土青白瓷以景德镇窑产品为主，器形有盘、粉盒、炉、三足炉形花盆、方形花盆和罐等，白或白泛灰色胎，大多胎质细密，青白色或青黄色泛白釉，部分釉面有细碎开片，应为南宋至元初产品。如盘 T1 ④：75 器型、装饰方式与景德镇湖田窑出土的 B 型 II 式盘（95A·T4 ④ A：505）相类，粉盒 T1 ④：51 器型、装饰方式、纹样与景德镇湖田窑出土的 Cc 型青白釉平底盒（95E·T2 ①：11）相类，都应为南宋早中期产品；三足炉 T1 ④：104，器型与景德镇湖田窑出上的 D 型青白釉三足炉（95A·F10：7）相类，应为南宋中晚期产品；方形花盆 T1 ④：64、117，器型、装饰方式、纹饰及胎、釉色均与湖田窑出土花盆相类，也应为南宋时期产品。

（4）出土的黑釉瓷盏均为遇林亭窑产品，器型与张同之妻章氏墓出土的建窑束口黑釉盏^⑥类，大致应为南宋中期产品。

① 江西省文物考古研究所、景德镇民窑博物馆《景德镇湖田窑址》，文物出版社，2007年版。下引景德镇湖田窑标本均见该书。
② 衢州市文管会《浙江衢州市南宋墓出土器物》，《考古》1983年第11期。
③ 袁华《浙江德清出土南宋纪年墓文物》，《南方文物》1992年第2期。
④ 陈定荣《江西吉水纪年宋墓出土文物》，《文物》1987年第2期。
⑤ 南京市博物馆《江浦黄悦岭南宋张同之夫妇墓》，《文物》1973年第4期。
⑥ 南京市博物馆《江浦黄悦岭南宋张同之夫妇墓》，《文物》1973年第4期。

水池中的包含物有陶器、瓷器和铜钱等。其中瓷器有青瓷、白瓷和青白瓷等。其包含物的年代未见晚于南宋末年的。基本情况如下：

（1）出土青瓷中有一批南宋官窑瓷器，见有薄胎厚釉和厚胎厚釉两类器物，整体胎质比较细密坚致，以黑色、灰黑色胎为主，有少量灰褐色胎；釉色以淡青色为主，另见粉青色、青灰色、灰青色、青色泛灰白、青色泛黄、月白色等，均为多次上釉，釉面大多有细碎或疏朗的开片，少量釉面有棕眼，可辨器形有碗、盘、炉、瓶、花盆、镂空器座和镂空器等。从窑口上看，应多为老虎洞窑址南宋产品，也见少量郊坛下官窑产品，时代应为南宋时期。

（2）有少量高丽青瓷出土，可辨器形有盘、炉、瓶和罐等，胎质比较细密，胎色以淡灰色为主，釉色清澈透明，呈淡青或青绿色，装饰方式有刻划、釉下镶嵌等，纹样以花卉纹为主，亦见莲瓣纹、变形回纹等。时代大致应在南宋中晚期。如瓶残片SC：100、156，装饰方式、纹样、釉面开片都具有12世纪中叶至13世纪中叶高丽青瓷典型风格[①]。

（3）龙泉窑青瓷仍占出土青瓷的大宗，器形有碗、盘、洗、炉、瓶和盂等。胎色以灰白色为主，有较多灰褐色胎和少量灰色、灰黑色胎，胎质细密；釉色多见淡青、灰青和粉青色，比较匀净滋润；装饰技法均为刻划法，纹饰多见于碗、盘内壁，外壁刻划的莲瓣纹，大多瓣幅略宽、瓣脊略凸；圈足器大多足底刮釉露胎，呈灰红色或铁黑色。应为南宋中晚期产品。如束口碗SC：90，器型与史绳祖墓出土的龙泉窑青瓷束口碗[②]相近，但外壁刻划纹饰为莲瓣纹与篦划纹的组合，莲瓣瓣面修长，瓣脊不明显，应为南宋中期产品；侈口碗SC：154，装饰方式、纹样与龙泉东区大白岸窑址群的一型Ⅳ式碗（BY24T5 ⑦：4）、Ⅴ式碗（BY13T1 ①：3）相类，器型较低矮，腹壁略显圆弧，内圜底，应为南宋中期产品；莲瓣碗SC：119，器型、装饰方式及纹样与龙泉东区源口窑址群出土的三型Ⅲ式碗（EY16T2 ⑤：19）相类，但造型更为低矮，腹壁略斜直，应为南宋末年产品；盘SC：120，器型与龙泉东区大白岸窑址群的四型Ⅰ式盘（BY25T1 ①：8）相类，外壁刻划的莲瓣纹瓣幅较宽，应为南宋中晚期产品；侈口盘SC：155，器型与龙泉东区大白岸窑址群的二型Ⅳ式盘（BY24y11 上：13）相类，外壁刻划莲瓣纹瓣幅稍宽，瓣脊略凸，应为南宋晚期产品。

（4）出土白瓷的数量较多，器形有碗、盘、瓶、炉、盒和器盖等。大部分胎呈白色或灰白色，胎体较薄，胎质较致密；白色釉闪黄，釉色比较光亮，釉面多有细碎开片；装饰方式以印花为主，亦见刻划纹饰，纹样以缠枝、折枝花卉纹，双鱼纹，水波纹和飞鸟纹为主，辅助纹饰以变形回纹为主，纹饰略凸起，有浅浮雕感；碗、盘类器物多见口沿部位刮釉，有少量器物口沿残留镶金银釦痕迹；圈足器的圈足多低矮细窄。从窑口上看，除少量磁州窑产品，绝大部分为定窑产品，具典型金代中晚期定窑白瓷特征。

---

① （韩）郑良谟著、（韩）金英美译《高丽青瓷》，文物出版社，2000年版，图版61、68、79号器物。
② 衢州市文管会《浙江衢州市南宋墓出土器物》，《考古》1983年第11期。

如曲腹盘 SC：262、263，器型、纹饰均与马令夫妇合葬墓出土的平底盘[1]相类，应为金中期产品；曲腹碗，器型、装饰方式及纹样与张重四墓出土的定窑萱草纹碗[2]相似，应为金晚期产品；出土定窑白瓷上印花或刻划的双鱼纹纹样均与张同之妻章氏墓出土印双鱼纹碗[3]上的双鱼纹纹样相似，应为金代中晚期产品。

（5）青白瓷出土较少，器形有碗、盘、盆和盒等，均为景德镇窑产品。胎呈灰白色，胎质细密；釉色青白或青白略泛灰，大多有玻璃质感，釉面多有疏朗或细碎开片；装饰技法均为刻划。应为南宋时期产品。如盆 SC：76，器型与景德镇湖田窑址出土的 I 式直口盆（93 I：09）相类，应为南宋早期产品；折腹盘 SC：110，器型与景德镇湖田窑址出土的 C 型 II 式圈足盘（97F·T3 ①：201）相类，应为南宋中期产品；碗 SC：60，器型、装饰方式与景德镇湖田窑址出土的 Ac 型侈口碗（95A·T8 ④ A：500）相类，应为南宋中晚期产品。

（6）出土铜钱可辨钱文的最早为"开元通宝"，最晚为"绍定元宝"。

根据发掘，水池内堆积与第 4 层堆积的土色均呈浅红色，包含有较多被火的砖块瓦砾，也就是说水池内堆积和第 4 层堆积都应是倒塌建筑物的废弃物，两者的形成年代应大致相同，而出土于水池底部的大多数遗物的废弃时间应早于水池内建筑废弃物堆积形成的年代，当为水池使用期间所遗。铜钱出土于水池底部，可辨钱文最晚为"绍定元宝"（1228–1233 年）也说明了水池的使用年代。

综上所述，对地层堆积年代推断如下：

水池内堆积的形成年代应在南宋末年或元初，而其底部大多遗物的毁弃年代则早于水池内建筑废弃物堆积的形成年代；

第 4 层堆积的形成年代与水池内建筑废弃物堆积的形成年代大致相同，应在元代初年；

第 3 层堆积最迟形成于元代末年；

水井内堆积应形成于元末明初；

第 2 层堆积应形成于清代末年；

第 1 层堆积形成于现代。

二 遗迹年代与性质

（一）遗迹年代

这组建筑遗迹叠压在第 4 层下，而第 4 层堆积的形成年代应在宋末元初，据此，可以基本确定该组建筑遗迹的年代下限，也就是说建筑的毁弃年代约在宋末元初（水井废弃年代稍晚）。

考虑到遗址的完整性和将来开放展示的需要，对建筑遗迹以下的文化层没有做进一步

---

[1] 辽宁博物馆《辽宁朝阳金代壁画墓》，《考古》1962年第4期。
[2] 陈定荣《江西吉水纪年宋墓出土文物》，《文物》1987年第2期。
[3] 南京市博物馆《江浦黄悦岭南宋张同之夫妇墓》，《文物》1973年第4期。

的发掘，故该建筑遗迹年代上限的确定缺乏相应地层资料的证据。但从已清理的房址台基、庭院地基、柱础、角石、角柱和踏道的建筑形制及迄今开展的杭州城市考古工作情况分析，该建筑的构筑方式基本符合宋代官式建筑制度，另其庭院墁地所使用的条砖，也多见于南宋时期一些官式建筑之中①，由此推断，这组建筑遗迹为南宋时期建筑的遗迹。

（二）遗迹性质

通过上述年代分析，我们已经能够将本次发掘发现遗迹的年代锁定在南宋时期，虽然未能发现与遗址相关的文字材料，但建筑形制、出土遗物及遗址所处位置无不昭示着这是临安城中的一个重要地点，再考之相关文献，我们试图对遗址的性质进行推断。

1.建筑形制昭示这是临安城中的一处高级宅院

1）建筑规模宏大

这组建筑揭露部分占地面积已达 1240 平方米。南侧建筑 F1 的台基东西长 32.3 米，南北宽 11.7 米；而且 F1 东侧有宽 2.25 米的夹道 JD1，南侧有宽约 1.1 米的夹道 JD2。北侧建筑 F4，与主体建筑 F1 南北相对，且同是石砌踏道，规格当高于 F2、F3；其台基高度与 F2、F3 台基相同；已揭露宽度 2.85 米，保守估计未清理宽度应不少于 4.4 米（F2 台基宽度为 7.25 米）。这样整组建筑的占地面积应该超过 1600 平方米。

房屋均建筑在比较高大的夯土台基上。

最主要的建筑 F1，面宽七间，进深三间，通面阔约为 30.1 米，通进深达 9.56 米，当心间和东、西次间之间减杀了 4 个柱子，使厅堂面积达 124.38 平方米。

庭院、水池、假山的占地面积也都比较大，分别约 393、92、100 余平方米。

2）营造与用材十分考究

整组建筑布局对称，围合成一个方形庭院，庭院中布有水池和假山，水池居于整个庭院的中心。台基及庭院、夹道地面的地基均经过特殊夯筑。

台基台壁用两层条砖包砌、上面使用压阑石，F1 台基的转角还设角柱、角石，F1、F4 使用石制踏道。这些石材均为灰白色水成岩，都经过仔细打磨，非常规整。室内地面均方砖细墁，所用方砖切削规整，规格较大。

水池构筑精细科学。不仅有 4 排砖砌筑的池壁和 3 皮砖铺砌的池底，池壁转角处、池壁与池底铺砖之间分别采取交互叠压和相互咬合的砌筑方式，而且所用的砖切削平直，砖与砖之间的缝隙很小，所有缝隙还用料浆石末、江米汁勾缝填充，以解决水池渗水问题。水池西池壁压阑石上的溢水槽和溢水孔，满足了多余池水有序排出的需要。

假山不仅体量大，使用了许多大小不一的太湖石，大者重达千余斤，构造也非常考究，既设有登山踏道，也有可以穿越的山洞和条砖墁的洞内通道。

庭院地面采用条砖墁地，以散水作分隔，呈现出多种花纹组合，构思严谨巧妙；庭院内散水砌筑规整，并砌有向外排水的暗沟，设施完善、合理，充分考虑了排水需要。

---

① 据杭州市文物考古所发掘资料，在南宋临安府衙署、南宋御街、南宋太庙等遗址及南宋皇城内的一些遗址中，多见这种规格砖的使用。

这些现象都表明，这组建筑是南宋时期临安城内的一处高级宅院建筑。

现清理部分北侧到现清波街也不过 10 米左右的距离。据《咸淳临安志》附《京城图》[①]示，从南宋临安城京城西南城门清波门进入城市有一条东西向道路，考之《西湖游览志》附《今朝郡城图》[②]、《浙江省城图》[③]，从南宋时期至明清，一直到现在，道路位置变化不大，基本与现在的清波街相一致。另杭州市文物考古所 2004 年下半年在清波街北、河坊街南、府前街东、四宜路西区块的考古勘探中，发现了一条南宋时期的东西向砖砌道路[④]，据此我们推断这处宅院的北界应在 2004 年发现道路的南侧，距现清理出 F4 北侧不超过 25 米。

F5 位于 F1 的东南角，也是我们这次清理的最南界，但清理出的部分也不过是 F5 西北角的一小段台基。由于其南已经被后期建筑破坏，这组建筑的南界我们就永远无法知晓了。

综上，我们可推断这组建筑是南宋时期临安城内的一处高级宅院建筑的一进院落，或许还可进一步说是临安城内的一处高级宅院的后花园。其规整的水池和自然的假山在庭院中的组合为前所未见的南宋时期城市园林的新材料。

2．水池出土遗物显示这处高级住宅的主人身份尊贵

水池的包含物，除有多见于高等级建筑中常用的瓦当、望柱等建筑构件，还出土不少南宋官窑瓷器、汝窑青瓷、高丽青瓷、黑胎青瓷和定窑白瓷碎片。虽然水池内堆积主要是该组建筑本身的废弃堆积，但这批南宋官窑瓷器、高丽青瓷、汝窑青瓷以及大多数定窑白瓷都出在水池的底部，应是建筑使用者所遗。

这批南宋官窑瓷器、定窑白瓷[⑤]及汝窑青瓷[⑥]，在南宋时期都应为宫廷、皇室成员或高级贵族所专用；高丽青瓷作为舶来品，显然也非一般官员所能拥有使用的。

---

① [宋]潜说友辑《咸淳临安志》附《京城图》，道光庚寅钱唐振绮堂汪氏仿宋本重雕，江苏广陵古籍刻印社，1985年版。

② [明]田汝成辑撰《西湖游览志》附《今朝郡城图》，明嘉靖二十六年刻本，王国平主编《西湖文献集成·明代史志西湖文献专辑》，杭州出版社，2004年版。

③ 杭州市档案馆编《杭州古旧地图集》图137《浙江省城图》［清宣统二年（1910年）据光绪十八年（1892年）浙江舆图局《浙江省城图》再版］，浙江古籍出版社，2006年版。

④ 系用条砖侧砌，南北两侧均有同时期房屋基址。南北宽约5.7米，已勘探出东西长30米，侧砌用条砖有两种规格，分别为30×8×4和28×8×4厘米。该道路距地表深约2.75米，而皇后宅的JD1墁地距地表约2.25米，两者相差约0.5米，这也为皇后宅庭院、夹道亦建筑在夯土台基上提供了一个旁证。

⑤ [宋]赵汝愚编《宋名臣奏议》卷九十八《刑赏门·禁约》"上真宗乞禁销金"条："方自今金银箔线、贴金、销金、泥金、间金、蹙金、线金装贴什器土木玩用之物，并请禁断，非命妇不得用为首饰，冶工所用器悉送上官。违者所在捉搦，许人纠告，并以违制论。告者给赏钱，仍以犯人家财充。"文渊阁四库全书本。[元]脱脱等《宋史》卷一百五十三《舆服志·舆服五》：（景祐三年）"凡器用……非三品以上官及宗室戚里之家，毋得用金棱器。其用银者，毋得涂金，玳瑁、酒食器非宫禁毋得用纯金器，若经赐者听用之……仍毋得为牙鱼、飞鱼、奇巧飞动若龙形者。"《二十五史》，上海古籍出版社，1986年版。

⑥ [宋]周密撰《武林旧事》卷七《德寿宫起居注》："淳熙六年三月十五日，车驾过宫，恭请太上、太后幸聚景园。……又别剪好色样一千朵，安顿花架，并是水晶玻璃、天青汝窑金瓶，就中间沈香卓儿一只，安顿白玉碾花商尊，约高二尺、径二尺三寸，独插照殿红十五枝。"卷九《高宗幸张府节次略》："绍兴二十一年十月，高宗幸清河郡王第，……进奉盘合……汝窑：酒瓶一对、洗一、香炉一、香合一、香球一、盏四只、盂子二、出香一对、大奁一、小奁一。"知不足斋丛书本，王国平主编《西湖文献集成·宋代史志西湖文献专辑》，杭州出版社，2004年版。

如南宋官窑瓷器：因其宫廷属性，传世品和考古发掘出土器物中均鲜见其身影，检索我们历年开展的南宋临安城遗址考古工作的资料，除老虎洞修内司官窑和郊坛下官窑两处窑场遗址中有大量出土外，也大多集中在南宋皇城遗址附近，其他区域鲜见。本遗址出土南宋官窑瓷片除 1 片瓶肩部残片出土于第 3 层外，其余近百残片均出土于水池底部。这或许反映出南宋官窑瓷器在南宋时期的使用有等级制度要求。

再如定窑白瓷：关于北宋时期定窑白瓷在上层社会中的使用情况已有学者作过相关论述[1]。本遗址出土的定窑白瓷，也主要出土于水池的底部，多为金中晚期定窑产品，器形丰富，制作精致，纹饰华丽。水池内出土定窑白瓷是金王朝统治下的定窑产品，对于南宋临安城来说，也属于稀缺物品。再结合有关文献记载将“官窑定器”[2]并列，说明定窑白瓷不仅在北宋时期为宫廷和上层社会所接受，在南宋也常作宫廷赏赐品在使用，为南宋上层社会所喜爱。

据此，我们有理由认为，这处高级住宅的主人身份尊贵，应是皇室成员或高级贵族。

3.推测此处遗址应当是恭圣仁烈皇后宅遗址

通过上面对考古资料的梳理和分析，我们认为这处遗址为南宋临安城中的一处高级宅院遗址，宅子的主人身份尊贵。

考之《咸淳临安志》所附《皇城图》、《京城图》，遗址所在区域周边在南宋晚期仅有恭圣仁烈皇后宅和七官宅两处大型宅院建筑。又《咸淳临安志》载，七官宅在郭婆井[3]，而郭婆井[4]现存，其位置在现四宜路和四宜亭路交叉口东南角，据此可以推定七官宅应在四宜路和四宜亭路交叉口附近，距此处发现遗址东南约 400 米，另遗址的规格也不应为七官宅这类官府僚属住宅所应有[5]。故可以排除此处遗址是七官宅遗址的可能性。

据《淳祐临安志》和《咸淳临安志》记载，恭圣仁烈皇后宅在漾沙坑，漾沙坑在紫坊

---

① 蔡玫芬《论“定窑白瓷器,有芒不堪用”句的真确性及十二世纪官方瓷器之诸问题》：“十二世纪的芒口定窑白瓷仍是官廷用品，其金银釦棱和细薄且袭自金银器的模印技法与纹饰布置等风格，皆显然迎合宫廷品味，从北宋开国到最末年，都供应着朝廷的需索。故南宋人认为北宋定窑因有芒而不入禁中的说法式明显有误的。”“既然定窑芒口上的金银棱饰迎合著宋人习尚，那么定窑‘有芒不堪用’，所‘不堪’者或指其不堪用的场所，则可能是讲求素朴的祭典。”台北《故宫学术季刊》第十五卷第二期，1998年。

② [宋]周密撰《武林旧事》卷二《挑菜》：“二月一日，谓之中和节……二日，宫中排办挑菜御宴……上赏则成号真珠、玉杯、金器、北珠、篦环、珠翠、领抹，次亦铤银、酒器、冠镯、翠花、段帛、龙涎、御扇、笔墨、官窑、定器之类。罚则舞唱、吟诗、念佛、饮冷水、吃生姜之类，用此以资戏笑。王宫贵邸亦多效之。”卷二《赏花》：“禁中赏花非一，先期后苑及修内司分任排办……又命小珰内司列肆注扑，珠翠冠朵、篦环绣段、画领花扇、官窑定器、孩儿戏具、闹竿龙船等物，及有买卖果木酒食饼饵蔬茹之类，莫不备具，悉效西湖景物。”知不足斋丛书本，王国平主编《西湖文献集成·宋代史志西湖文献专辑》，杭州出版社，2004年版。[金]《大金集礼》卷九《亲王公主》“公主”条：“天眷二年，奏定公主礼物，依惠妃公主例外，成造衣袄器用等物（裙子五十腰、小袄子五十领……定磁一千事）。”丛书集成本。

③ [宋]潜说友辑《咸淳临安志》卷十《行在所录·官宇》，道光庚寅钱唐振绮堂汪氏仿宋本重雕，江苏广陵古籍刻印社，1985年版。

④ [清]丁丙《武林坊巷志》《丰上坊三》“郭婆井巷”条：“按：郭婆井巷，东北出四宜亭，西出花牌楼，有郭婆井”；《咸淳志》、《成化府志》：郭婆井巷，在铁冶岭北”；《约略说》：郭婆井巷，在陆官南”；《康熙钱塘志》：郭婆井，在铁冶岭，今名郭婆井。里人筑石为亭，铭其上”。浙江人民出版社，1984年版。

⑤ [宋]吴自牧《梦粱录》卷十《诸官舍》：“左右丞相、参政、知枢密院使签书府，俱在南仓前大渠口。……省府官属宅，在开元宫对墙。卿监郎官宅，在俞家园。七官宅，在郭婆井。……五房院，即枢密院诸承旨所居处，在杨和王府西也。”丛书集成本。据此，七官宅应是官府僚属的居处。

岭和七官宅之间①。另据《康熙钱塘志》②、《郭西小志》③、《乾隆府志》④，可以确定紫坊岭的位置大致应在现蔡官巷西侧、柳浪阁小区附近，而漾沙坑应在现清波街、蔡官巷、四宜路之间。据上，可以基本确定恭圣仁烈皇后宅的位置应在现清波街、蔡官巷和四宜路之间的区域，与本次发掘地点所在区域基本吻合。

在发掘过程中，虽未获得能确认遗址性质的文字材料，但根据遗址时代、建筑遗迹形制、水池出土遗物情况及遗址位置，我们推测该遗址应当是南宋恭圣仁烈皇后宅遗址。

第二节　南宋恭圣仁烈皇后宅遗址发掘的意义

中国古代城市发展至两宋时期进入了一个新的阶段，城市布局从封闭式的里坊制开始向开放式的坊巷制过渡。临安城作为南宋王朝的"行在所"，其城市布局最能反映南宋时期中国城市的特征，因此，南宋临安城的复原对中国古代城市发展史研究具有十分重要的意义。而南宋城市正压在今天的杭州城之下，是一座典型的古今重叠的城市，其考古工作开展十分困难，只能在配合城市建设的同时，做积极跟进的工作，以获得尽可能多的参照点，从而推进南宋临安城的复原研究工作。而作为对南宋中后期政局走向产生过决定性影响的恭圣仁烈皇后的宅院，在南宋中后期的临安城中应占有相当重要的地位，其遗址的发现和确认，无疑为复原研究南宋临安城城市布局提供了新的重要参照点，对研究南宋历史、政治、南宋临安城城市布局及中国古代城市发展史均具有重要意义。正因此，这个遗址的发掘被评定为2001年度全国十大考古新发现。

南宋恭圣仁烈皇后宅遗址的揭露，形象地展示出南宋大型高级园林式住宅建筑的营造、用材和布局的情况，是此前学界所未知的新材料。从现存遗迹情况分析，其营造与北宋时期颁行、南宋再颁的《营造法式》的规定，颇多相似，如台基的夯筑、包砌及踏道的做法，为研究宋代建筑制度、官式做法，也为《营造法式》本身的研究提供了新的实物材料。而其用材考究营造精细的水池、保存许多叠砌细节的太湖石假山、图案美观营作精致的庭院墁地，特别是各种规格砖的使用等情况，则不仅是研究南宋高规格的园林式城市住宅布局和营造的新材料，也是考虑南宋时期长江以南地区建筑营造的重要实物资料。

---

① [宋]施谔辑《淳祐临安志》卷八《山川·城内诸山》"浅山"条："浅山，在漾沙坑，今杨府前对山。"卷九《山川·城内外诸岭》"紫坊岭"条："紫坊岭，在城内漾沙坑骐骥院教骏营之西，七官宅侧。"《南宋临安两志》，浙江人民出版社，1983年版。[宋]潜说友辑《咸淳临安志》卷十《行在所录·邸第》"诸皇后宅"条："恭圣仁烈杨太后宅，在漾沙坑。"道光庚寅钱唐振绮堂汪氏仿宋本重雕，江苏广陵古籍刻印社，1985年版。
② [清]丁丙《武林坊巷志》《丰上坊一》"燕支山巷"条："紫坊岭，在铁冶岭之下，今不存。"浙江人民出版社，1984年版。
③ [清]丁丙《武林坊巷志》《丰上坊三》"陆家坞"条："童佛庵，在紫坊岭麓，枫岭之支也，俗呼黄泥山。南渡迁府治于清波门，以紫坊岭为照山。"浙江人民出版社，1984年版。
④ [清]丁丙《武林坊巷志》《丰上坊三》"陆家坞"条："童佛庵，在蔡官巷。"浙江人民出版社，1984年版。《行在所录·邸第》"诸皇后宅"条。

附表一

出土遗物统计表

出土单位	陶质建筑构件	陶器	瓷器																铜钱	石质遗物			合计
			南宋官窑瓷器	龙泉窑青瓷器	越窑青瓷器	汝窑瓷器	高丽青瓷器	铁店窑青瓷器	未定窑口青瓷器	景德镇窑青白瓷器	未定窑口青白瓷器	定窑白瓷器	磁州窑白瓷器	景德镇窑仿定白瓷器	建窑黑釉瓷器	遇林亭窑黑釉瓷器	未定窑口黑（酱）釉瓷	青花瓷器		刻石	石权	石砚	
采集	1			29	14				7	5					1		1	18		1			77
②	22	1		110	5			4	19	29	41	1					2	62	2		3	1	302
水井				3																			3
③	13	1	1	71	8	1			15	47	5	4					2						168
④	9	2		170	5				55	85	11	4				2	2						345
水池	11		89	162		1	14		30	9		523	5	4					116				964
合计	56	4	90	545	32	2	14	4	126	175	57	532	5	4	1	2	7	80	118	1	3	1	1859
合计	60		1676																118	5			

彩　版

1. 遗址全景（东北—西南）

2. 遗址全景（东—西）

彩版一　遗址全景

彩版二　遗址全景

1. 遗址全景（南—北）

2. F1台基全景（西—东）

彩版二　遗址全景

1. F1台基（北—南）

2. F1台基（北—南）

彩版三　F1台基全景

1. F1南部台基北侧台壁与北部台基东侧台壁（北—南）

2. F1南部台基东侧台壁、角柱（东北—西南）

彩版四　F1台基台壁及角柱

1. F1南部台基东侧台壁（南—北）

2. F1台基南侧台壁、东南角角柱，F5台基北侧台壁及夹道JD2（东—西）

彩版五　F1台基台壁、角柱，F5台基台壁及夹道JD2

1. F1南部台基东北角角柱、角石，F2台基东侧台壁及夹道JD1砖砌遗迹（东北—西南）

2. F1南部台基柱础石及墁地（南—北）

彩版六　F1台基角柱、角石、柱础石、墁地，F2台基台壁及夹道JD1南部砖砌遗迹

1. F1南部台基墁地（东—西）

2. F1南部台基墁地被火痕迹（东—西）

彩版七　F1南部台基墁地

1. F1北部台基、踏道（东—西）

2. F1北部台基、踏道及庭院墁地（东—西）

彩版八　F1北部台基、踏道及庭院墁地

1. F1踏道与庭院南部墁地（东—西）

2. F1踏道（北—南）

3. F1踏道土衬石与下阶石（南—北）

彩版九　F1踏道

1. F2台基（北—南）

2. F3台基（北—南）

彩版一〇　F2、F3台基

1. F2踏道及其台基西侧台壁（南—北）

2. F2踏道（北—南）

彩版一一　F2踏道及其台基西侧台壁

1. F2踏道象眼（南—北）

2. F3踏道（东—西）

彩版一二　F2、F3踏道

彩版一三　F3台基及踏道（南－北）

1. F4台基及踏道（东—西）

2. F4台基及踏道（西—东）

3. F4台基及踏道（南—北）

彩版一四　F4台基及踏道

F2

排水暗沟口

彩版一五　F4踏道象眼（西-东）

1. 庭院局部（北—南）

2. 庭院局部（西北—东南）

彩版一六　庭院局部

彩版一七　水池全景（东－西）

1. 水池全景（东北—西南）

2. 水池全景（东南—西北）

彩版一八　水池全景

1. 水池西北部（南—北）

2. 水池西北部（东—西）

彩版一九　水池局部

1. 水池西侧池壁（东南—西北）

2. 水池西侧池壁上部压阑石（南—北）

彩版二〇　水池西侧池壁

1. 西侧池壁上的溢水槽与溢水孔（东—西）

3. 西侧池壁溢水槽及溢水孔（北—南）

2. 西侧池壁溢水槽与溢水孔（东—西）　　　　　4. 西侧池壁溢水槽及溢水孔（南—北）

彩版二一　水池西侧池壁溢水槽及溢水孔

1. 北侧池壁（东—西）

2. 北侧池壁（东—西）

4. 东侧池壁与南侧池壁转角（西北—东南）

3. 水池东侧池壁细部（北—南）

彩版二二　水池北侧、东侧池壁及东侧、南侧池壁转角

1. 水池底部 (东—西)

2. 庭院及水池内假山石出土时情形

彩版二三　水池底部及假山石出土情形

1. 假山石出土时情形（东北—西南）

2. 水池内假山石出土时情形（东南—西北。已经初步清理）

彩版二四　假山石出土情形

砖砌道路

1. 庭院西北角的假山及假山洞内的砖砌道路（南—北）

砖
砌
道
路

2. 庭院西北角假山（西南—东北）

彩版二五　庭院西北角假山及假山洞内道路

1. 庭院北部正中偏西处假山洞内砖砌道路
（西北—东南）

2. 庭院东北角假山登山踏道（东—西）

彩版二六　庭院北部正中偏西假山洞内道路及东北角假山登山踏道

1. F2台基下的排水暗沟口（西—东）

2. F2踏道下的排水暗沟（南—北）

3. 水池与F1台基之间的墁地（西—东）

彩版二七　排水暗沟及庭院墁地

1. 南侧散水与水池南壁之间的庭院墁地局部（西—东）

2. 西侧散水与水池西壁之间的墁地（西—东）

彩版二八　庭院墁地

1. F5及夹道JD1、JD2、JD3（东—西）

2. JD1南部砖砌遗迹（东南—西北）

彩版二九　F5、夹道及夹道JD1南部砖砌遗迹

1. JD1、JD2墁地及散水（南—北）

2. 水井（SJ）

彩版三〇　夹道墁地、散水及水井

1. 板瓦SC：13

3. 筒瓦SC：11

2. 筒瓦SC：10

彩版三一　水池出土陶板瓦、筒瓦

1. 瓦当SC：16

2. 望柱SC：9

彩版三二　水池出土陶瓦当、望柱

①SC：307、②SC：298、③SC：308、④SC：309、⑤SC：297

彩版三三　水池出土南宋官窑碗残片

1. 盘SC：299

2. 花盆SC：294

彩版三四　水池出土南宋官窑盘、花盆残片

①SC：306、②SC：303、③SC：304、④SC：305

彩版三五　水池出土南宋官窑瓶残片

彩版三六　水池出土南宋官窑瓶残片

1. SC：300

2. SC：301

3. SC：302

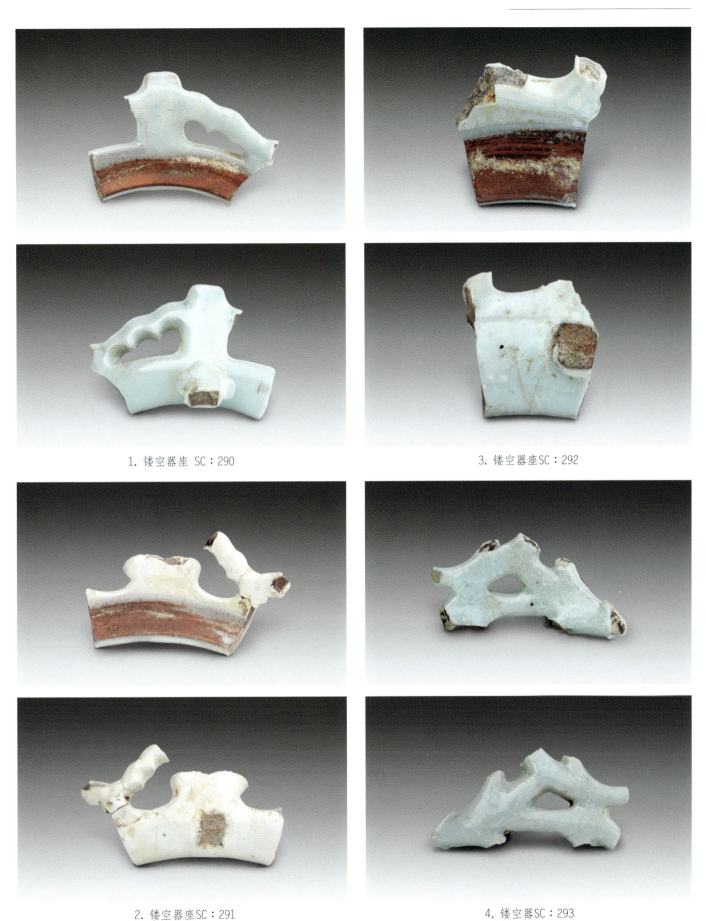

1. 镂空器座 SC：290

3. 镂空器座 SC：292

2. 镂空器座 SC：291

4. 镂空器 SC：293

彩版三七　水池出土南宋官窑镂空器及器座

1. SC：119

2. SC：122

彩版三八　水池出土龙泉窑青瓷莲瓣碗

1. 莲瓣碗SC：90

2. 敞口碗SC：139

3. 侈口碗SC：154

彩版三九　水池出土龙泉窑青瓷碗

1. 敞口盘SC：120   2. 折沿盘SC：155

彩版四〇　水池出土龙泉窑青瓷盘

彩版四一　水池出土龙泉窑青瓷炉

2. 弦纹炉SC：21

1. 鬲式炉足SC：233

彩版四一　水池出土龙泉窑青瓷炉

1. 瓶SC：235

2. 瓶SC：117

3. 盂SC：137

彩版四二　水池出土龙泉窑青瓷瓶、盂

彩版四三　水池出土汝窑梅瓶残片SC：77

1. ①炉SC：99、②瓶SC：100、③瓶SC：156、④罐SC：157

2. 不明器形口沿残片①SC：158、②SC：160

彩版四四　水池出土高丽青瓷残片

彩版四五　水池出土未定窑口青瓷侈口碗

1. SC：125　　　　　　　　2. SC：127

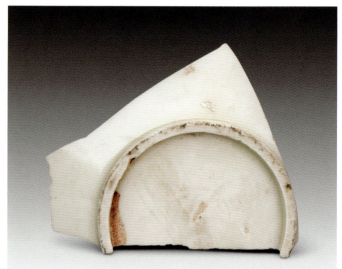

1. SC：27

2. SC：33

3. SC：109

彩版四六　水池出土定窑白瓷斜腹碗

1. SC：248

2. SC：25

3. SC：28

彩版四七　水池出土定窑白瓷曲腹碗

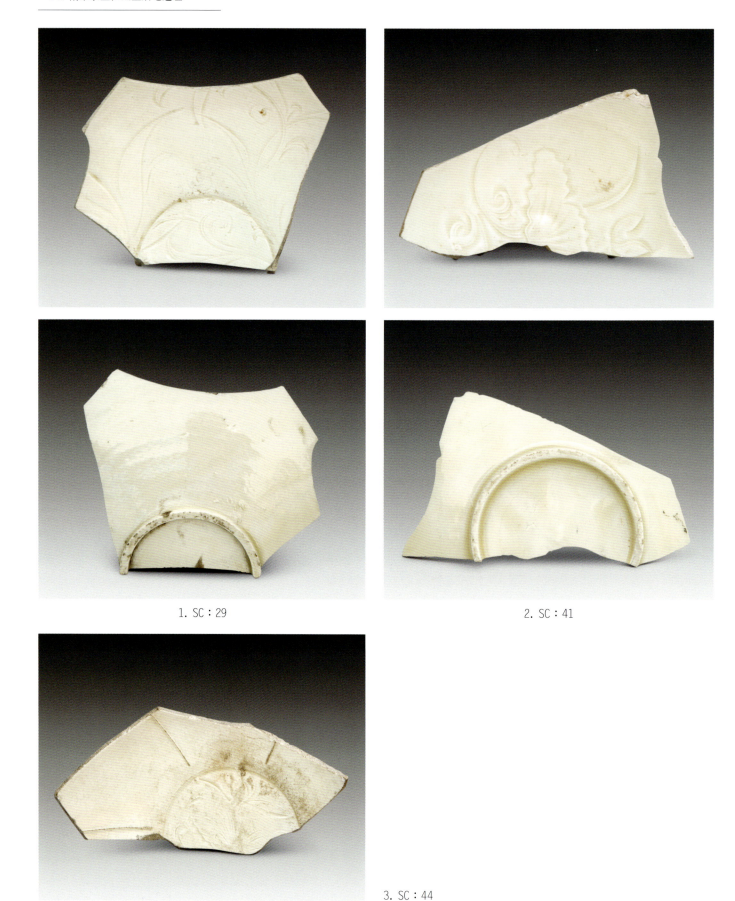

1. SC：29

2. SC：41

3. SC：44

彩版四八　水池出土定窑白瓷曲腹碗

1. SC：249

2. SC：250

3. SC：22

彩版四九　水池出土定窑白瓷直腹碗

1. 直腹碗SC：23

2. 直腹碗SC：188

3. 残件SC：24

彩版五〇　水池出土定窑白瓷碗

彩版五一　水池出土定窯白瓷斗笠碗SC：34

1. 折腹盘SC：30

2. 折腹盘SC：42

3. 残件SC：38

彩版五二　水池出土定窑白瓷盘

3. 浅曲腹盘 SC：268

1. 浅曲腹盘SC：260

4. 浅曲腹盘SC：269

2. 浅曲腹盘SC：267

5. 曲腹盘SC：8

彩版五三　水池出土定窑白瓷盘

1. SC：261

2. SC：262

4. SC：102

3. SC：263

彩版五四　水池出土定窑白瓷隐圈足盘

2. 瓶SC：276

3. 瓶SC：277

1. 碟SC：270

彩版五五　水池出土定窑白瓷碟、瓶

1. SC：103

2. SC：275

彩版五六　水池出土定窑白瓷炉

彩版五七　水池出土定窑白瓷器盖

1. SC：1

2. SC：278

彩版五七　水池出土定窑白瓷器盖

1. 定窑白瓷器盖SC：2

2. 定窑白瓷碾棒SC：280

3. 磁州窑白瓷底足残片SC：230

彩版五八　水池出土定窑白瓷器盖、碾棒及磁州窑白瓷底足残片

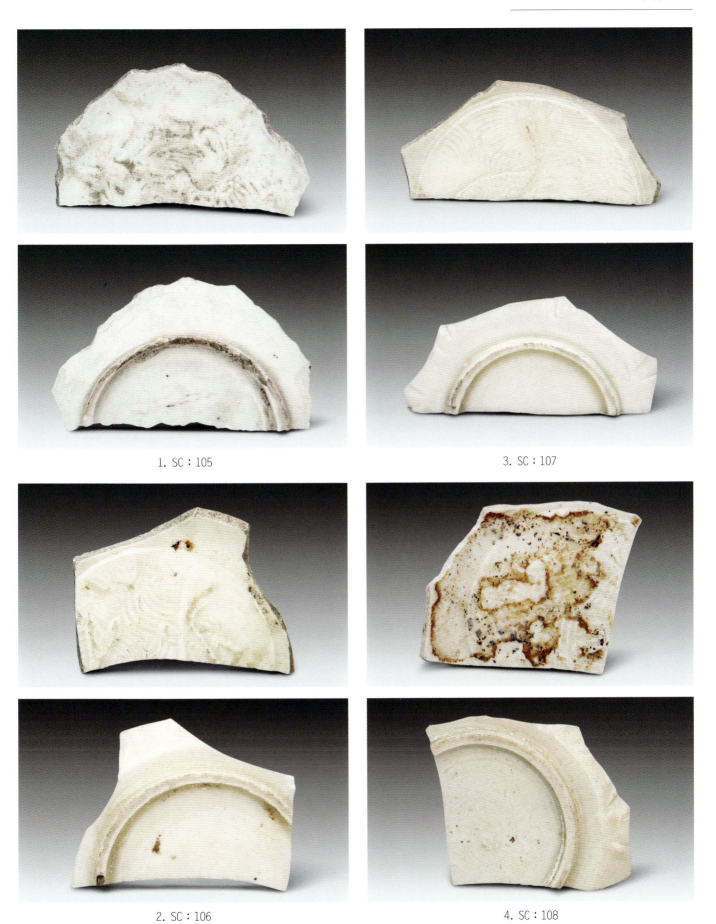

1. SC：105

3. SC：107

2. SC：106

4. SC：108

彩版五九　水池出土景德镇窑仿定白瓷残片

3. 器盖SC：4

1. 盘SC：110

2. 盘SC：231

4. 不明器形底部残片SC：232

彩版六〇　水池出土景德镇窑青白瓷盘、器盖等

1. 板瓦T1④：43

2. 板瓦T1④：45

3. 重唇板瓦T1④：46

4. 筒瓦T1④：47

5. 瓦当T1④：49

彩版六一　第4层出土陶板瓦、筒瓦、瓦当

1. 砖雕T1④：57

4. 灯T1④：86

2. 建筑构件饰件残件T1④：59

3. 建筑构件饰件残件T1④：85

5. 器盖T1④：58

彩版六二　第4层出土陶砖雕、建筑构件饰件残件、灯、器盖

彩版六三　第4层出土龙泉窑青瓷莲瓣碗

1. T1④：30

2. T1④：93

2. 敞口碗T2④：2

1. 莲瓣碗T1④：94

3. 夹层碗T1④：114

彩版六四　第4层出土龙泉窑青瓷碗

2. T2④：1

1. T1④：25

彩版六五　第4层出土龙泉窑青瓷侈口碗

1. T1④：42 2. T1④：55

彩版六六　第4层出土龙泉窑青瓷碗残件

2. T1④：41

1. T1④：40

彩版六七　第4层出土龙泉窑青瓷盏

1. 折沿盘 T1④：31　　　　2. 敞口盘 T1④：34

3. 折腹盘 T1④：35

彩版六八　第4层出土龙泉窑青瓷盘

1. 龙泉窑青瓷鬲式炉足T1④：109

2. 龙泉窑青瓷瓶颈部残片T1④：110

4. 越窑青瓷盘残片T1④：74

3. 龙泉窑青瓷瓶肩部残片T1④：111

彩版六九　第4层出土青瓷炉、瓶、盘

2. 腹底残件T1④：52

1. T1④：79

3. 腹底残件T1④：68

彩版七〇　第4层出土越窑青瓷碗

2. 侈口碗T1④：2

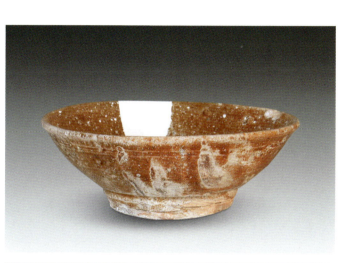

1. 敞口碗T1④：32

彩版七一 第4层出土未定窑口青瓷碗

1. T1④：1

2. T1④：3

彩版七二　第4层出土未定窑口青瓷侈口碗

1. T1④：10

2. T1④：12

彩版七三　第4层出土未定窑口青瓷侈口碗

1. T1④：13

2. T1④：15

彩版七四　第4层出土未定窑口青瓷侈口碗

1. T1④：14

2. T1④：17

彩版七五　第4层出土未定窑口青瓷侈口碗

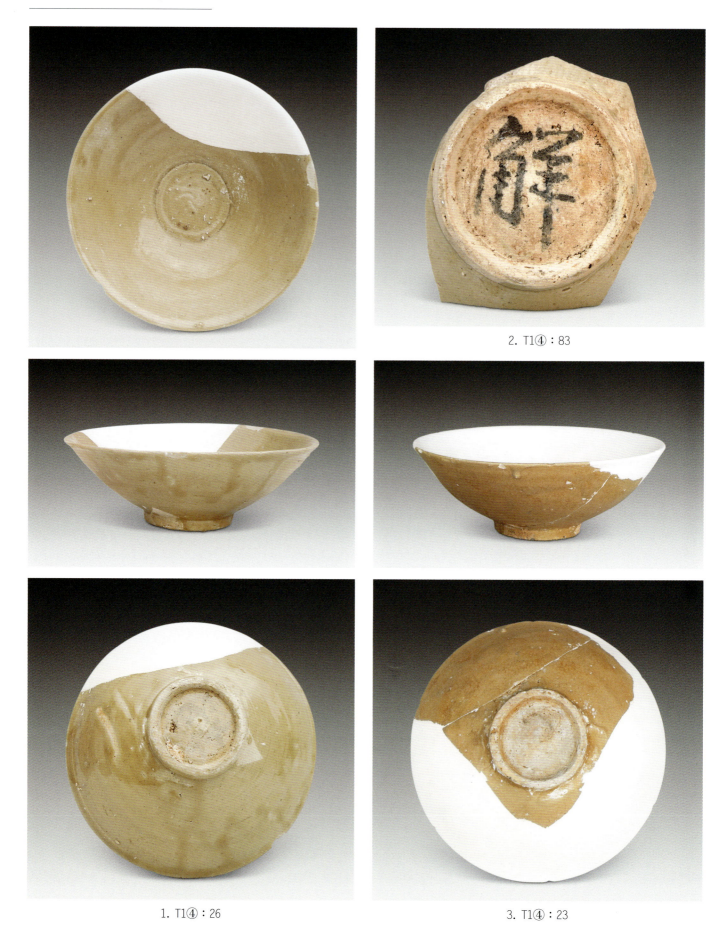

2. T1④：83

1. T1④：26

3. T1④：23

彩版七六　第4层出土未定窑口青瓷侈口碗

彩版七七　第4层出土未定窑口青瓷高足碗T1④：6

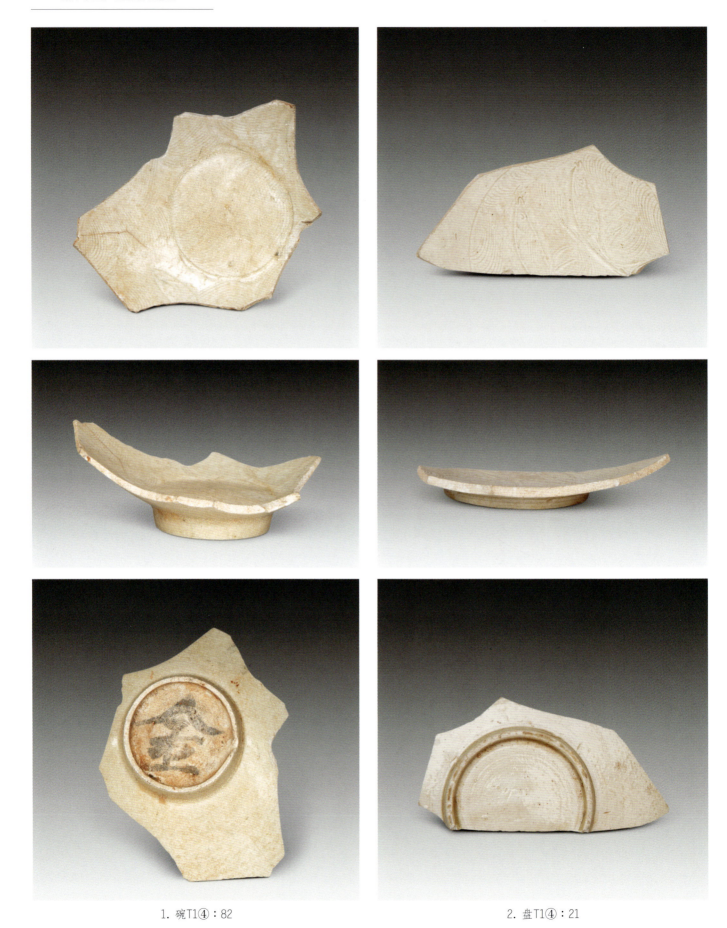

1. 碗T1④：82　　　　　　　　　　　　　2. 盘T1④：21

彩版七八　第4层出土定窑白瓷碗、盘

3. 炉T1④：77

1. 盘T1④：75

4. 炉T1④：104

2. 粉盒T1④：51

彩版七九　第4层出土景德镇窑青白瓷盘、粉盒、炉

1. T1④：48

2. T1④：76

3. T1④：69

彩版八〇　第4层出土景德镇窑青白瓷炉形花盆

1. 景德镇窑青白瓷方形花盆T1④：64

3. 未定窑口青白瓷粉盒T1④：39

4. 未定窑口青白瓷罐T1④：70

2. 景德镇窑青白瓷方形花盆T1④：117

彩版八一　第4层出土青白瓷方形花盆、粉盒、罐

1. T1④：36

2. T1④：37

彩版八二　第4层出土遇林亭窑黑釉盏

2. 双系瓶T2④：3

1. 韩瓶T1④：118

彩版八三　第4层出土未定窑口酱釉瓶

1. 板瓦T1③：51

3. 筒瓦T1③：53

2. 重唇板瓦T6③：2

4. 筒瓦T1③：52

5. 瓦当T1③：68

彩版八四　第3层出土陶板瓦、重唇板瓦、筒瓦、瓦当

2. 鸱吻T1③：57

3. 悬鱼T1③：58

1. 鸱吻T1③：54

彩版八五　第3层出土陶鸱吻、悬鱼

1. 砖雕T1③：59

3. 建筑构件饰件残件T1③：61

2. 建筑构件饰件残件T1③：60

4. 灯T6③：36

彩版八六　第3层出土陶砖雕、建筑构件饰件残件、灯

彩版八七　第3层出土南宋官窑瓶肩部残片T1③：63

1. T1③：2

2. T1③：34

3. T1③：37

彩版八八　第3层出土龙泉窑青瓷莲瓣碗

1. T3③：1

2. T6③：21

彩版八九　第3层出土龙泉窑青瓷敞口碗

2. 侈口碗T6③：8

1. 敞口碗T3③：2

3. 侈口碗T6③：10

彩版九〇　第3层出土龙泉窑青瓷碗

1. T1③：13

2. T6③：6

3. T3③：9

彩版九一　第3层出土龙泉窑青瓷碗腹底残件

1. 敞口盘T1③：3　　　　　　　　　　　　　2. 折沿盘T3③：6

彩版九二　第3层出土龙泉窑青瓷盘

1. 敞口折腹碟T1③：10

2. 敞口折腹碟16③：3

3. 高足杯T3③：14

4. 折沿洗T3③：5

5. 研钵T6③：1

彩版九三　第3层出土龙泉窑青瓷敞口折腹碟、高足杯、折沿洗、研钵

1. 奁式炉T1③：4

3. 弦纹炉T6③：33

2. 奁式炉炉足T1③：27

彩版九四　第3层出土龙泉窑青瓷炉

彩版九五　第3层出土越窑青瓷侈口碗、杯

1. 侈口碗T1③：1

2. 杯T6③：25

彩版九五　第3层出土越窑青瓷侈口碗、杯

彩版九六　第3层出土汝窑盘T3③：7

1. 侈口碗T1③：5

3. 侈口碗T1③：9

2. 侈口碗T1③：6

4. 器足残件T1③：29

彩版九七　第3层出土未定窑口青瓷碗、器足残件

1. 碟T1③：21

2. 残片T1③：24

3. 残片T1③：28

4. 残片T1③：32

彩版九八　第3层出土定窑白瓷碟、残片

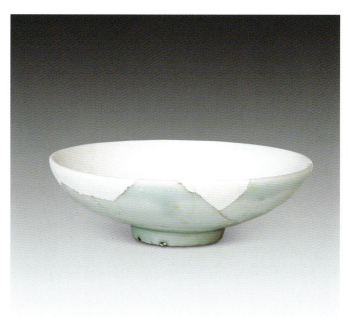

1. T1③：11

2. T1③：12

3. T1③：15

彩版九九　第3层出土景德镇窑青白瓷碗

1. 高足杯T1③：41

4. 罐T1③：22

2. 炉底足残片T1③：31

5. 罐T6③：31

3. 炉底足残片T1③：42

6. 不明器形残件T1③：33

彩版一〇〇　第3层出土景德镇窑青白瓷高足杯、炉、罐等

彩版一〇一　第3层出土未定窑口酱黑釉灯盏

1. T1③：43

2. T2③：1

1. 碗 SJ：3

2. 盘 SJ：2

3. 盘 SJ：1

彩版一〇二　水井出土龙泉窑青瓷碗、盘

1. T1②：142

2. T1②：125

3. T1②：126

彩版一〇三　第2层出土陶重唇板瓦

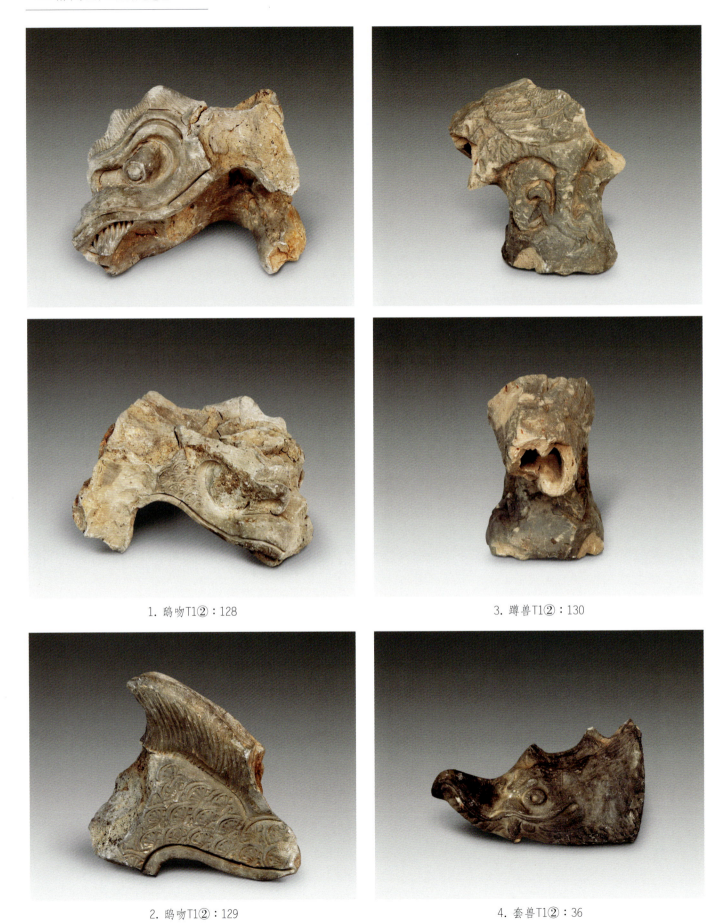

1. 鸱吻T1②：128

3. 蹲兽T1②：130

2. 鸱吻T1②：129

4. 套兽T1②：36

彩版一〇四　第2层出土陶鸱吻、蹲兽、套兽

1. 蹲兽T1②：131

3. 建筑构件饰件残件T1②：133

4. 建筑构件饰件残件T1②：134

2. 建筑构件饰件残件T1②：132

5. 建筑构件饰件残件T1②：135

彩版一〇五　第2层出土陶蹲兽、建筑构件饰件残件

彩版一〇六　第2层出土陶建筑构件饰件残件、陶塑

1. 建筑构件饰件残件T1②：136

2. 建筑构件饰件残件T1②：137

3. 陶塑T1②：138

3. 莲瓣碗T1②：88

1. 莲瓣碗T1②：3

4. 敞口碗T1②：1

2. 莲瓣碗T1②：4

5. 敛口碗T1②：6

彩版一〇七　第2层出土龙泉窑青瓷碗

彩版一〇八　第2层出土龙泉窑青瓷侈口碗T1②：2

彩版一〇九　第2层出土龙泉窑青瓷敞口盘

1. T1②：8

2. T1②：13

3. T3②：3

彩版一〇九　第2层出土龙泉窑青瓷敞口盘

1. 敞口盘T3②：4   2. 碟T1②：7

彩版一一〇　第2层出土龙泉窑青瓷敞口盘、碟

2. T1②：97

1. T1②：9

彩版一一一　第2层出土龙泉窑青瓷高足杯

1. 折沿洗T1②：10

2. 炉足T1②：64

3. 炉足T1②：79

彩版一一二　第2层出土龙泉窑青瓷折沿洗、炉

1. 瓶 T1②：90

2. 瓶 T1②：99

3. 鸟食盏 T1②：14

彩版一一三　第2层出土龙泉窑青瓷瓶、鸟食盏

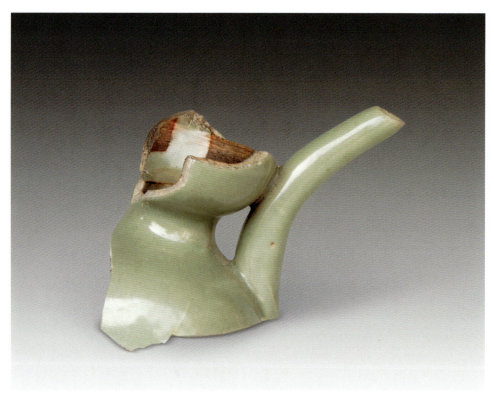

1. 壶T1②：124

2. 碾棒T1②：101

彩版一一四　第2层出土龙泉窑青瓷壶、碾棒

1. 敛口碗T1②：121

2. 盘T1②：12

3. 盘T1②：118

彩版一一五　第2层出土铁店窑青瓷敛口碗、盘

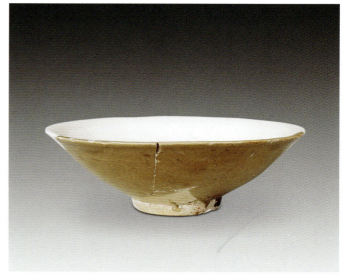

2. 侈口碗T1②：22

1. 敞口碗T1②：116

3. 侈口碗T1②：123

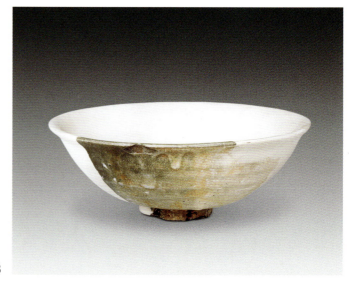

4. 侈口碗T1②：23

彩版一一六　第2层出土未定窑口青瓷碗

1. 碟T1②：20

2. 灯盏T1②：45

3. 灯盏T1②：18

彩版一一七　第2层出土未定窑口青瓷碟、灯盏

1. 碗T1②：52

2. 高足杯T1②：17

3. 高足杯T1②：60

彩版一一八　第2层出土景德镇窑青白釉碗、高足杯

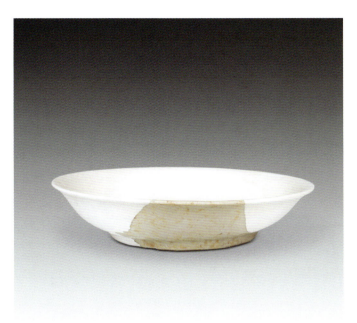

1. 卵白釉盘T1②：16

2. 青白釉盘T1②：70

3. 青白釉盘T1②：104

彩版一一九　第2层出土景德镇窑盘

1. 景德镇窑青白釉炉T1②：56

2. 定窑白瓷盘残片T1②：145

3. 景德镇窑青白釉狮子T1②：19

彩版一二〇　第2层出土景德镇窑青白釉炉、狮子及定窑白瓷盘残片

1. T1②：29

2. T1②：117

彩版一二一　第2层出土未定窑口黑釉灯盏

1. T1②：30

2. T1②：105

彩版一二二　第2层出土青花瓷碗

2. 碗T1②：111

1. T1②：107

彩版一二三　第2层出土青花瓷碗

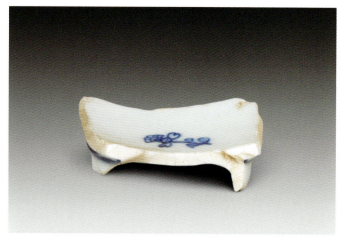

1. 碗T1②：108

2. 盘T1②：109

彩版一二四　第2层出土青花瓷碗、盘

2. 轿瓶T1②：42

3. 器盖T1②：59

1. 盘T1②：44

彩版一二五　第2层出土青花瓷盘、轿瓶、器盖

1. 石权T1②：37

2. 石权T1②：38

3. 石权T1②：39

4. 石砚T1②：40

彩版一二六　第2层出土石权、石砚

2. 采∶3

1. 采∶2

彩版一二七　采集龙泉窑青瓷莲瓣碗

1. 莲瓣碗采：4

2. 敞口碗采：1

彩版一二八　采集龙泉窑青瓷碗

1. 碗残件采：21

4. 折腹盘采：5

2. 碗残件采：17

3. 碗残件采：66

5. 镂空器采：34

彩版一二九　采集龙泉窑青瓷碗残件、折腹盘、镂空器

1. 采：8

2. 采：9

3. 采：10

彩版一三〇　采集越窑青瓷敞口碗

1. 敞口碗采：11   2. 侈口碗采：12

彩版一三一　采集越窑青瓷碗

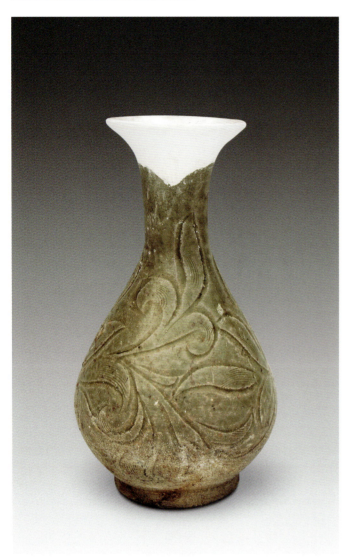

1. 瓶采：14

2. 酒台子采：13

彩版一三二　采集越窑青瓷瓶、酒台子

3. 灯盏采：58

1. 碗采：54

4. 炉采：57

2. 炉采：56

5. 瓷塑采：68

彩版一三三　采集景德镇窑青白瓷碗、炉、灯盏、瓷塑

1. 建窑斗笠碗采：6

2. 未定窑口灯盏采：7

彩版一三四 采集黑釉碗、酱釉灯盏

2. 盘采：64

1. 碗采：15

彩版一三五　采集青花瓷碗、盘

后 记

本报告根据杭州市文物考古所2001年南宋恭圣仁烈皇后宅遗址考古发掘资料整理编写。整理工作开始于2006年10月，至2008年4月完成，由唐俊杰主持，参与整理的有马东峰、梁宝华、何国伟、沈国良、赵一杰、彭颂恩。南开大学文博学院的同学李敏行、陈扬、臧天杰、胡丽、方妍、宋文卿参与了部分出土器物的整理记录工作。

报告由唐俊杰主编。前言由唐俊杰执笔，第一章至第五章由马东峰执笔，文献核对由马东峰、沈如春完成，最后由唐俊杰补充定稿。

报告器物照片由徐彬拍摄，马东峰、王庆成、王征宇、何国伟、曾博协助完成。外景及遗迹照片由李永嘉、何国伟拍摄。遗迹图由沈国良、何国伟、赵一杰绘制，何国伟、沈国良着墨清绘。器物修复由曾尚录、曾博、赵一杰、彭颂恩完成，器物图由寇小石、沈国良、何国伟绘制。器物拓片由梁宝华完成。

在资料整理与报告编写过程中，得到了许多专家学者的帮助：南开大学教授刘毅、北京大学教授秦大树、福建博物院研究员栗建安、故宫博物院研究员王光尧帮助我们确定了部分瓷器的窑口与年代；中国社会科学院文学研究所研究员扬之水帮助我们确认了部分定窑白瓷纹样的定名；北京大学副教授李志荣对报告建筑遗迹的叙述行文给予了许多的具体指导，并对报告的编写体例提出了很好的意见和建议；杭州市文物保护管理所所长杜正贤为器物的拍摄提供了人员和设备。

资料整理与报告编写工作受到各级领导的高度重视：国家文物局为报告出版提供了专项补助经费；浙江省文物局局长鲍贤伦和杭州市园林文物局副局长刘颖一直关注报告的进展；杭州市园林文物局文物处、财政局等相关职能部门为报告编写工作提供了必要的财政支持；我所吴晓力所长多次到整理现场进行指导。

本报告的出版得到文物出版社的大力支持。

英文提要由丁晓雷翻译，日文提要由日本早稻田大学大学院文学研究科久保田慎二翻译、朱岩石审校。

谨向上述单位和个人表示衷心感谢。

编 者

2008年12月20日

Report on Archaeological Excavation to the Site of Lin'an City

The Remains of the Mansion of Empress Gongshengrenlie of the Southern Song Dynasty

(Abstract)

The site of the Mansion of Empress Yang (wife of Emperor Ningzong of the Southern Song Dynasty; Gong-sheng-ren-lie 恭圣仁烈 – courteous, sacred, gentle and chaste – is her posthumous title) is located in present-day Shangcheng District, Hangzhou City, neighboring Siyi Road 四宜路 to the east, superimposed by Caiguan Alley 蔡官巷 on the west and by Qingbo Street 清波街 on the north. An area covering about 1260 square meters of this site has been excavated.

It is noted in historic literature that in the fourth year of Jianyan 建炎 Era (1130), the government seat of Lin'an Prefecture was moved to the north of Qingbo Gate 清波门. Since then to the end of the Southern Song Dynasty, official dwellings, gardens and residences of noble people and imperial family members were gathering in the zone nearby the Mansion of Empress Yang. In the second year of Deyou 德祐 Era (1276), the army of the Yuan Dynasty captured Lin'an and overthrew the ruling of the Southern Song Dynasty with this city as capital; thereafter, the official buildings, the gardens and high-ranked people's residences were gradually abandoned and fell into ruins.

In April 2001, Hangzhou Municipal Institute of Cultural Relics and Archaeology conducted a rescue excavation to the remains of the Mansion of Empress Yang. Six exploration ditches, which were numbered 2001HWZ T1 to T6, were opened in this excavation. In these exploration ditches, architectural foundations F1, F2, F3, F4 and F5, a courtyard, alleys JD1, JD2 and JD3 and a well (SJ) were uncovered. The bases of all of the architectural units were built with tamped-earth of yellowish clay mixed with pebbles and rubbles.

F1, F2, F3, F4 and F5 were all built on platform foundations higher than the ground at that time; among them, platform foundations of F1, F2, F3 and F4 were engaged each other into a 回 -shaped plan, the sides of which were all faced with bricks and stone blocks. Each side facing to the courtyard had a flight of steps leading to the courtyard ground from the top of the platform. F1 was on the south side, F2 and F3 were on the east and west sides respectively and F4 was on the north side. F5 was built to the south slightly by the east of F1. Of the alleys, JD1 was to the east of F1 and F2, JD2 was between F1 and F5 and JD3 was to the east of F5. The well (SJ) was in the north of alley JD1.

The architectural units F1, F2, F3 and F4 composed a quadrangle; in the courtyard defined by them, there have been remains of a pond, rockeries, brick-paved ground and rainwater-draining paths.

The architectural unit F1, which was located to the south of the courtyard, was built on a 凸 -shaped platform foundation. The structure over the floor completely vanished, only the stone and brick faced platform, stone column bases and column base pits and brick-paved floor remained. The uncovered southern part of F1 was 27.5 meters wide from east to west and 11.7 meters deep from north to south. The stone column bases and base pits on the foundation were all in roughly square plan; the base pits were about 25 centimeters in depth. The preserved stone bases were in two kinds of sizes: 95 (length) by 86 (width) by 35 (thickness) centimeters and 83 (length) by 80 (width) by 35 (thickness) centimeters. It has been confirmed that the structure of F1 had comprised seven bays on façade and three bays in depth, the bay on the west end of which was almost not excavated; the total width of the original structure of F1 would have been 30.1 meters (including the west end bay) and the total depth, 9.56 meters. *Jianzhu Zao* 减柱造 (Column-elimination method) was applied to the columniation of F1 by which the clear internal space of the central chamber was enlarged to 124.38 square meters. The floor was paved with square tiles in grid pattern; the size of the square tiles was 34 by 34 by 4 centimeters.

The platform foundations of architectural units F2 and F3 were built symmetrically on the east and west sides of the courtyard, the structures on which had disappeared with some stone column bases, column base pits, tile-paved floors and steps leading to the courtyard still preserved. Foundation F2 on the east side of the courtyard was engaged to the foundations F1 at the southern end and F4 at the northern end; its full length was 26.65 meters and full width, 7.25 meters, the east and west sides of which were faced by brick walls 0.3 meter in thickness. Foundation F3 on the west side of the courtyard, the full length of which was also 26.65 meters from north to south, was also engaged to the foundations F1 at the southern end and F4 at the northern end; the uncovered width was 3.1 meters from east to west. The stone column bases and column base pits were all in a roughly square plan, and the column pits were generally 15 centimeters deep. All of the stone column bases, the size of which was 55 by 50 by 20 centimeters, were made of grayish aqueous rock. The floors of F2 and F3 were paved with plain square tiles in grid pattern, the size of the square tiles used for which was 30 by 30 by 4 centimeters. The flight of steps was set on the inner sides of F2 and F3, leading from the tops of the platforms to the ground of the courtyard; the steps of F2 had only a fragment of *Xiangyan* 象 眼 ["Elephant Eye", the triangular stone inlay among the platform facing wall, the sloping curbstone (stringer) of the steps and the level ground sill] under the southern sloping curbstone and the lowest tread; the steps of F3 still had the "Elephant Eye" on both sides, ground sills and some treads and risers.

Platform foundation of F4, which was located on the north side of the courtyard, had only parts of paved floor and the steps leading to the courtyard preserved. The excavated part was 27.5 meters from east to west and 2.85 meters from north to south. The facing wall of the south side of F4 and some top curbstones (also used as balustrade plinths) were still preserved. A square posthole, the length of each side of which was five centimeters and the depth, two centimeters, was found on the top of a curbstone. The floor of F4 was paved with square tiles in the same size and pattern with those of the floors of F2 and F3. The steps leading to the courtyard from F4's platform foundation built with narrow rectangular stone slabs with sloping curbstones on both sides were symmetric to those of F1; level ground sills, treads and risers, "Elephant Eye (the triangular stone inlay among the platform veneering wall, the sloping curbstone of the steps and the level ground sill)" and sloping curbstones were still kept *in situ*. The stone slabs used for building the steps were made of grayish aqueous rock.

The courtyard was an enclosed area 26.65 meters deep (north-south) and 17.2 meters wide (east-west), covering about 400 square meters. In the middle of the courtyard, a pond was dug; in the north near architectural unit F4, a set of rockeries was built. The ground of the courtyard was tamped firm with yellowish clay mixed with pebbles and rubbles and finished by bricks paved in patterns.

The layout of the pond was rectangular, 12.48 meters long (east-west) and 7.4 meters wide (north-south) measured by the outer margins, and 11.2 meters long and 6.25 meters wide measured by the inner margins, and 1.2 meters deep. The whole pond was lined with bricks; the bottom was processed with yellowish clay tamped firm and paved with square tiles which were in the same size and pattern as those used in F1. The seams of the bricks and tiles were all sealed with plaster made of powdered "Ginger Nut (a kind of calcium carbonate nodule)" mixed with glutinous rice gruel (to prevent leaking).

The rockeries located at the north end of the courtyard covered an area of about 100 square meters, but only four rockery bases, two brick-paved cave passages and steps built of narrow rectangular bricks were preserved; most of the rockery parts, which were all grayish Taihu Stone (Chinese scholar's rock) imitating landscapes, had fallen down into the pond.

The courtyard ground was paved with narrow rectangular bricks, whose size was 30 (length) by eight (width) and five (thickness) centimeters. The basic unit of the paving method was herringbone pattern, but various designs were combined. The drainage system of the courtyard comprised four brick-paved rainwater-draining paths and a covered draining ditch below the northern end of F2. The rainwater-draining paths joined each other in a T-shaped pattern, linked up an enclosed circuit leading to the covered draining ditch to the north of F2 via the rainwater-draining path of F4 and formed a perfect drainage system.

The platform foundation of architectural unit F5, which was located to the southeast of F1, had only parts of tamped-earth foundation and a section of facing wall in east-west orientation preserved. The building method of F5's foundation were the same as the 回 -shaped foundation mentioned above. The remained length (east-west) was about 4.6 meters, width was about 0.4 meter and height, 0.4 meter. The corner of the platform was not finished with a stone corner pier but just with bricks laid into a corner.

Three alleys were found in this excavation; they were JD1 located to the east of F1 and F2, JD2 between F1 and F5 and JD3 to the east of F5. JD1 was in north-south orientation, a length about 40.9 meters of which was excavated; within this area, brick-paved ground and rainwater-draining path, a well and brick-laid remains were uncovered. JD2 was in east-west orientation, linking to JD1 at the east end; the west part had been destroyed and the remaining length was about 8.55 meters and the width was 1.1 meters. The ground of this alley was in a saddle shape, the central part was lower than that of the two sides. JD3 was in north-south orientation, the remaining length was about 0.75 meter and width was about 1.1 meter, the foundation was processed and the bricks were paved in the same way as those of JD2, and the rainwater-draining path on its eastern side joined the eastern rainwater-draining path of JD1 to the north.

The discovery of the Mansion of Empress Yang provides important material data for the research on the designing and planning of imperial gardens in the Southern Song Dynasty, and was elected as one of the National Ten Greatest Archaeological Discoveries in 2001.

臨安城遺跡考古発掘報告書

南宋恭聖仁烈皇后宅遺跡

（要旨）

　南宋恭聖仁烈皇后宅遺跡は浙江省杭州市上城区に位置する。遺跡は東側に四宜路と接し、西側は蔡官巷、北側は清波街の地下に埋もれる。調査面積は約 1300 ㎡ におよぶ。

　文献記載によれば、建炎 4 年（1130 年）に臨安府府治が清波門の北に移されると、その後は南宋恭聖仁烈皇后の住居の周囲に官衙や皇族の邸宅・庭園が集中するようになったとされる。徳祐 2 年（1276 年）には元軍が臨安に侵攻し、南宋王朝の臨安城における統治が終わる。それに伴い、南宋の諸官衙や皇族の邸宅・庭園もまた、次第に廃棄されることとなる。

　2001 年 4 月中・下旬、杭州市文物考古所は南宋恭聖仁烈皇后宅遺跡において緊急発掘を行った。計 6 か所のトレンチを設定し、それぞれ 2001HWZ T1〜T6 とした。調査では、建築址 F1、F2、F3、F4、F5、庭園、道 JD1、JD2、JD3、井戸 SJ などの遺構が確認された。建築址、庭園、道の基礎部分は版築である。基礎の版築は黄色粘土に小石や瓦片を混ぜて突き固められる。

　F1〜F5 はすべて版築基壇上に建てられる。特に F1〜F4 の基壇は「回」字形に配され、基壇の側面には塼と石を積み上げる。各基壇には、それぞれ庭園に向かう階段が設けられる。F1 は南端、F2 は東端、F3 は西端、F4 は北端に位置し、F5 は F1 の南側東寄りで確認された。さらに F1、F2 の東側には JD1、F1 と F5 の間には JD2、F5 の東側には JD3 が見られ、井戸は JD1 の北部に位置する。

　庭園遺構は F1〜F4 に囲まれて出土した。庭園内では池、築山、塼敷き、散水などの遺構が確認された。

　F1 は庭園南部に位置し、平面は「凸」字形を呈する。四周には壇上積みが見られ、基壇上の建築はすでに残存しない。遺構としては基壇、礎石、柱穴、床などだけが残る。F1 南部に見られる基壇は、東西長さ 27.5m、南北幅 11.7m が明らかとなっている。礎石や柱穴は方形に近く、柱穴は深さ約 25cm を測る。残存状況の良好な礎石には 95×86×35cm と 83×80×35cm の 2 種類の規格がある。また、基壇上の建築は桁行 7 間、梁行 3 間で、最も西側の部屋は大部分が未発掘である。全体の規模は西側未発掘部分を含めて東西　30.1m、南北 9.56m ほどと考えられる。また柱の配置は「減柱造」を採用し、内部面積は 124.38 ㎡ に達する。床には方塼を 1 層敷き、目地が十字になるように並べられる。方塼の規格は 34×34×4cm である。

F2、F3 は、それぞれ庭園の東部と西部の両側に位置する。基壇、礎石、柱穴、床、階段などだけが残存する。F2 基壇は F1 基壇、F4 基壇と一つにつながり、規模は南北長さ 26.65m、東西幅 7.25m を測る。基壇の東西両側は塼を壇上積みにし、それぞれ厚さ 0.3m を測る。F3 基壇も F1 基壇、F4 基壇とつながり、南北長さ 26.65m、東西幅 3.1m が検出されている。礎石と柱穴の平面は方形に近く、柱穴の深さは約 15cm を測る。礎石は水成岩質で灰白色を呈し、規格は 55×50×20cm である。床には方塼が密に敷かれ、目地が十字になるように並べられる。方塼は 30×30×4cm で揃えられ、文様は見られない。階段は F2、F3 基壇の庭園側に位置する。F2 基壇の階段は、南側の象眼と石段の一部が残存する。また、F3 基壇の階段には両側の象眼、下部を縁取る石材、段などが残る。

F4 は庭園の北側に位置し、基壇、塼敷き、階段などだけが残る。基壇は東西長さ 27.5m、南北幅 2.85m が確認されている。南側部分には壇上積みと圧欄石の一部が見られ、圧欄石には方形の柱穴がある。柱穴は一辺約 5cm、深さ 2cm を測る。基壇上の床には目地が十字になるように塼が敷かれる。塼は 30×30×4cm の規格をもち、文様は見られない。F4 の階段は F1 の階段と南北に向き合い、長方形の石材で垂帯を造る。基壇下部を縁取る石材、段、象眼、垂帯なども残存し、石材は水成岩質で、灰白色を呈す。

庭園遺構は四方を F1〜F4 に囲まれ、南北長さ 26.65m、東西幅 17.2m、面積約 400 ㎡ を測る。中央には池、北寄りの F4 近くには築山が見られ、地面には塼が敷きつめられる。庭園の基礎は、塼、小石、瓦などを混ぜた黄色粘土を突き固めて造られる。

池は長方形の平面を呈し、上端の東西長さ 12.48m、南北幅 7.40m、下端の東西長さ 11.20m、南北幅 6.25m、深さ 1.2m を測る。四壁に積まれた塼や底に敷かれた塼の目地には、のり状に溶いた石粉や糯米を塗りこむ。底の基礎は黄色粘土を突き固めており、34×34×4cm の無文の方塼を敷きつめる。

築山遺構は庭園の最も北側に位置し、面積 100 ㎡ あまりを占める。4 か所の築山の基礎、2 か所の隧道状塼敷き道路、長方塼を敷いた階段などの遺構が残り、大部分の築山の石材は池に落ち込む。石材はすべて灰白色の太湖石である。

庭園には 30×8×5cm の規格をもつ長方塼が柳葉文を描くように敷かれる。庭園の排水施設は、四周に見られる 4 か所の塼敷き散水と F2 基壇北端の下にある地下排水溝から成る。4 か所の散水はそれぞれ「丁」字形に交差し、庭園内で相互につながる。そして、北側の散水と F2 基壇下の地下排水溝が連結することで、完全な排水施設を構成する。

F5 は F1 の東南側に位置し、版築基壇と東西向きの壇上積みが残る。基壇の築造方法は「回」字形基壇と同様である。壇上積みは東西残長 4.6m、南北幅 0.4m、高さ 0.4m が残り、角には角柱石が見られず、直接塼を積む。

道状遺構は 3 か所で見られ、JD1 は F1、F2 基壇東側、JD2 は F1 と F5 の間、JD3 は F5

の東側に位置する。JD1 は南北を向き、約 40.9m が検出されている。路面には塼を敷き、周辺に散水、井戸、塼積みなどの遺構が見られる。JD2 は東西を向き、東端が F1 東側に見られる JD1 の散水とつながる。また、西側はすでに壊され、残長約 8.55m、幅約 1.1m だけが確認されている。路面は両側が高く中央が低い形状を呈す。JD3 は南北を向き、残長約 0.75m、幅約 1.1m が検出された。基礎の築造方法や塼の敷き方は JD2 と同様である。また、東側の散水は JD1 と一つの散水である。

南宋恭聖仁烈皇后宅遺跡の発見は、南宋における皇族の庭園建築について、重要な資料を提供したといえる。なお、この発見は 2001 年度全国十大考古新発見に選ばれている。

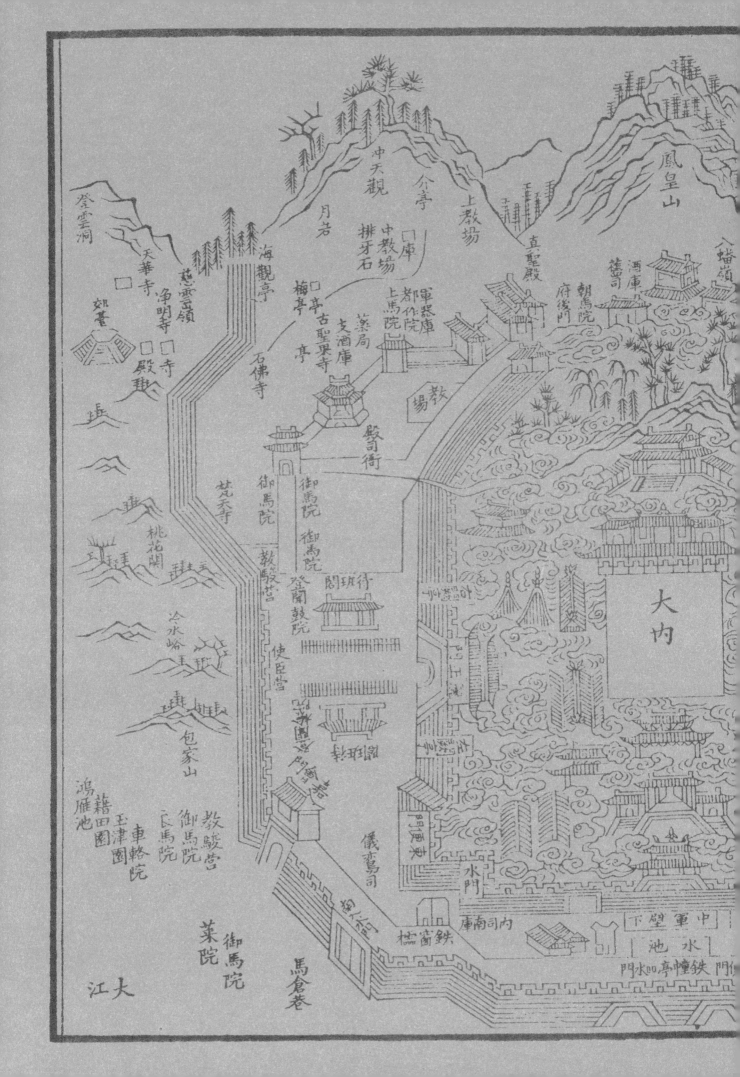